日本バトラー&コンシェルジュ　代表取締役
新井直之

執事に学ぶ
極上の人脈

Best of
personal connections to
learn to Butler

世界の大富豪が、
あなたの味方になる方法

きずな出版

はじめまして、ご主人さま。
いまから、執事《しつじ》の秘密ともいうべき、
〝世界の大富豪から信頼される極上《ごくじょう》の人脈術〟
をこっそりお教えいたしましょう。

はじめに――
執事の電話帳には、数兆円の資産を持つ大富豪もいらっしゃいます

「職業は執事です」

このように自己紹介すると、たいていの方は驚かれます。

小説やドラマ、アニメなどでは、執事をテーマにした作品も数多くありますが、一般的に私どもの仕事はあまり身近なものではないようです。実際、「本物の執事に初めて会いました！」といわれたこともあります。

執事という職業がめずらしいのは、そもそも執事がお世話をする大富豪も、数少ない貴重な存在だからでしょう。

とくに私どものお客さまは、保有資産が50億円以上、年収は5億円以上という大富豪中の大富豪がほとんどで、富裕層のなかでもほんの一握りしかいません。

正確な統計ではなく、個人的な実感値に過ぎませんが、このクラスの大富豪は、おそらく国内に5000人ほどでしょうか。

私が、日本初の執事サービス専門会社である「日本バトラー&コンシェルジュ」を立ち上げたのは2008年のことです。以来、これまでに100人を超える大富豪にサービスを提供してきました。そのなかには、数兆円の資産を持ち、世界の長者番付に名を連ねる方もいらっしゃいます。

さらに、まだお仕事には至っていないものの、お問い合わせをいただいたり、お客さまからご紹介された方を含めると、その何倍もの大富豪の知己《ちき》を得たことになります。

「どうしたら大富豪とお近づきになれるのですか?」

この仕事に就《つ》いてから、そのような質問を受けることが増えました。ところが、じつは私自身も執事になりたてのころ、毎日毎日、同じ質問を自分に投げかけていたものです。

会社を立ち上げた当初、私には執事の経験などまったくなく、大富豪の知り合いが一人もいませんでした。まさにコネなし、実績なし、人脈ゼロという三重苦からのスタートです。

当時の私はどうにかして大富豪とのコネクションをつくりたいと、つてをたどってオーナー企業の経営者が集うパーティーに顔を出したり、個別にダイレクトメールを送ったり、それなりに営業努力を重ねていました。

交換した名刺の数は徐々に増え、私の顔と名前を覚えていただけるようになりましたが、なぜか一向に仕事にはつながりません。最初の半年は、ほとんど開店休業状態でした。


そのなかで、たまたま急に執事が必要になったと依頼が舞い込んできたのです。待ちに待った最初のお客さまでした。涙が出るほどありがたかったことを、いまも覚えています。

当時の私にほかの仕事があろうはずがなく、時間も手間もたっぷりかけられる状態でしたから、とにかくこのお客さまの期待を上回るサービスを提供しようと心に決めました。

背水の陣ともいうべき状態でしたので、損得抜きで、ひたすらお客さまのために尽くしました。自分としては200パーセントと思えるくらいの誠意と努力で働いた結果、少しはお客さまの信用を得られたのでしょうか。

結果的にその方から別のお客さまを紹介され、次の仕事へとつながっていったのです。
最初にお伝えしたいのは、一流の執事も、世界中の大富豪も、すべての方が最初は人脈ゼロからはじまったということです。

本書では、私が執事として世界中の大富豪の方々から人脈を得て、信頼を獲得している秘訣を公開しつつ、私が見聞きした大富豪のさまざまなエピソードを交《まじ》えて、人脈づくりの実践例をご紹介していきます。

この一冊を通じて〝極上の人脈〟を築き、人生の質をより向上させるためのヒントにしていただけると、著者としてこれ以上幸せなことはありません。

著者

Contents

第1章 執事だけが知っている「極上の人脈」とは？

第2章 「心構え」と「準備」が、超一流を引き寄せます

第3章 人脈づくりには「落とし穴」がございます

第4章 世界のVIPも人間関係を築くためのルールをお持ちです

第5章

信頼される「おもてなし」には極意がございます

終章　極上の人脈は、あなたの人生を豊かにしてくれます

ブックデザイン　ISSHIKI
編集協力　伊田欣司
大下明文
瀬戸友子
伊藤左知子
小野千賀子
江頭紀子

執事に学ぶ　極上の人脈

～世界の大富豪が、あなたの味方になる方法～

序章

世界有数の大富豪との人脈をゼロから築く方法をお教えしましょう

私は執事として、世界中の大富豪にお仕えしております。

なぜ私は、世界の大富豪から引く手あまたでお仕事をいただくことができ、金庫番を任されるほど信頼されているのでしょうか。

その秘訣に「おもてなし」があります。

この本の序章として、私が提唱する「おもてなし人脈術」の3つの法則をお話しいたします。

大富豪から絶賛される「おもてなし人脈術」3つの法則をお教えいたします

執事の仕事を始めたころ、私にとって大富豪は、まったく別世界に住む遠い存在でした。人脈ゼロからのスタートでしたから、当初は「どうすれば大富豪たちと関係が築けるのだろう」と、自問自答する日々が続きました。

何か糸口をつかみたい一心で、当時はよくお会いした大富豪を観察していたものです。注意深く見守っていると、成功を収めている大富豪の振る舞いは、たしかに私の取っている行動とは明らかに違うのです。

たとえば、年商1000億円の会社を経営する大富豪がいました。その方が、やはり会社経営に携《たずさ》わる別の大富豪と知り合ったときのことです。

経営者同士、ビジネスの話に花が咲くのかと思いきや、仕事の話題はまったく出てきません。それどころか、二人の共通の趣味がカラオケだとわかって盛り上がり、以来、何度も連れ立ってカラオケを楽しまれるようになりました。

ところが気づいてみれば、カラオケ仲間だったお二人は、いつの間にか手を組んで新しい事業を始め、いまでは正真正銘のビジネスパートナーになっています。

改めて自分の考えが間違っていたことに気づきました。

当初、私は大富豪の方と知り合うと、まずは「執事サービスの会社を経営しておりまして、当社のサービスの利点は……」と、売り込む気満々の自己紹介していました。「なんとか仕事につなげたい」という思いからでしたが、よくよく考えてみれば、それは第一に自分のため。相手の利益を考えての行動ではありません。

大富豪にもさまざまなタイプの方がいらっしゃいますが、人との接し方、つき合い方には、共通する要素があります。

大富豪から学んだ人づき合いのコツを、私は「おもてなし人脈術」と呼んでいます。

「おもてなし」といっても、何も「うやうやしく人に接しましょう」ということではありません。

人間関係はギブアンドテイクではございません

自分を下に置いて、相手のために滅私奉公《めっしほうこう》することも、口先だけのお愛想をいって、その場しのぎで相手のご機嫌を取ることも、おもてなし人脈術とは対極にある振る舞い方です。

おもてなし人脈術の大前提にあるのは、「人づき合いはギブアンドテイクではない」という事実です。

相手から何かを与えてもらえると期待することがそもそも間違いで、人とつき合うということは、自分が相手に貢献し続けることなのです。

つまり、「この人には貢献できない」と思う相手とは、つき合いが続かないはずです。

不思議なことに、見返りを期待せず、徹底的に相手に貢献し続けていると、相手から与えてもらえるものも増えていきます。

おもてなし人脈術が大きな富につながるのは、大富豪が証明している通りです。

では、このおもてなし人脈術をどのように実践していけばよいのでしょうか。

おもてなし人脈術には、次の3つの法則があります。

① 人脈はおもてなしによってのみしか生まれない
② 自分と同等か立場が下の人としか、人脈は生まれない
③ 上下逆転・土俵替えで、立場が上の人との人脈をつくる

まずはこの三原則をご説明しましょう。

第一法則「人脈はおもてなしによってのみしか生まれない」

おもてなし人脈術の第一法則は、「人脈はおもてなしによってのみしか生まれない」。もっとも重要な基本原則になります。

第一法則を実践するために、大切なポイントの一つが、見返りを求めないということです。すでに「人づき合いはギブアンドテイクではない」という話をしました。人脈づくりに必要なのは、むしろ「ギブアンドギブ」。自分から差し出して、差し出して、差し出し続けていくこと。ひたすら相手に貢献していかなければ、人脈は築けません。

「そんなことでは自分が損してしまうのではないか」と思われるかもしれませんが、損得を考えた瞬間、人脈づくりはストップします。

たしかに多くの場合、人脈を広げたいと思う裏には、「商品を買ってほしい」「自分を昇進させてほしい」など、何らかの期待があるでしょう。実際に私も最初は「仕事の依頼がほしい」という動機で、大富豪との人脈づくりに奔走《ほんそう》したものです。

けれども、そんな打算が少しでも見え隠れしてしまうと、相手から遠ざけられてしまいます。逆の立場で考えてみてください。初対面からいきなり自社の商品を猛アピールしてくる人とは、二度と会いたくないはずです。

「次も会いたい」と思わせるのは、一緒にいて楽しい気分にさせてくれたり、面白い話題を提供してくれたりする人でしょう。さらに、いつ会ってもずっと同じように、見返りなど求めずに自分をもてなしてくれる人なら、ますます信頼も深まっていきます。

そうなると、「この人のために何かしてあげたい」という気持ちが芽生えてくるのです。

人脈が育つまでには時間がかかります。それは相手との信頼関係を深めていく時間です。目先の見返りを期待して、育《はぐく》んでいる途中の信頼を失わないよう注意しましょう。

もう一つ大切なポイントが、おもてなしする人を選ばないことです。

一般的には、できれば高いステージにいる人と人脈を築いて、自分を引き上げてもらいたいと考えがちですが、相手を選んでいる時点で打算が見え隠れしています。

しかも、このあとの第二法則、第三法則にもかかわってくるのですが、すぐにターゲットにアプローチできるとは限りません。たとえば転職したい会社があったとしても、その会社の社長や人事部長などのキーパーソンと、簡単に人脈を築けるのかどうか。自分と接点がなければ、おもてなししたくてもできないのです。

まずは、接点がある人を大切にしましょう。それが回り回って、得難い人脈につながっていきます。

いま目の前にいる人が、極上の人脈への架け橋かもしれません

「スモールワールド現象」という仮説があります。

知り合いを6人たどれば、世界中の誰とでもつながることができるというもので、アメリカの社会心理学者、スタンレー・ミルグラムが実験によって明らかにしました。

私も知り合いを何人か介して、新しいお客さまをご紹介いただいたことがあります。

以前、高級マンションを扱う不動産会社で研修の講師を務めた関係で、人事部の担当者とリレーションができました。人事部の方に声をかけられ、同社の営業担当者とお会いしたところ、「じつは自分のお客さまに、大富豪の代理人を務めている人がいて、執事を探している」といわれたのです。そこで営業担当者の紹介を受けて代理人の方にお会いし、その代理人に大富豪を紹介されました。

この大富豪は、いまや私の大切なお客さまのお一人です。

人脈をたどっていくと、意外にも遠い存在だと思っていた相手にも近づけるものです。

人と人とはどこでどうつながっているかわかりません。

自分とかかわりのある人をすべて大切におもてなししていくことは、さまざまなチャンスを広げることでもあるのです。

第二法則
「自分と同等か立場が下の人としか、人脈は生まれない」

おもてなし人脈術の第二法則は、「自分と同等か立場が下の人としか、人脈は生まれない」というものです。

すでに説明した通り、自分より高いステージにいる人と人脈を築きたくても、現実的にはなかなか難しいもの。にもかかわらず、いわゆる偉い人を大切してしまうことが多いのです。これは、大半の人が陥《おちい》りがちな落とし穴です。

何も「偉い人を大切にするな」ということではありません。

偉い人よりも偉くない人を大切にするほうが、おもてなし人脈術の効果をより得られるのです。

理由の一つは、第一原則で触れたように、偉い人とはそもそも接点を持つのが難しいということ。もう一つは、偉い人に対して自分が貢献できることは、非常に少ないということです。

相手は社会的地位の高い、しかるべきポジションの方ですから、身に着けるものも高級品ばかりでしょうし、贅沢な料理も食べ慣れているでしょう。贈答品《ぞうとうひん》も山のように送られてきているはずです。もちろん、一代で会社を大きくしてきた創業者社長に対して、若輩《じゃくはい》者の自分がビジネスのアドバイスなどできるはずがありません。

そんな相手に喜んでもらうことは、簡単なことではないのです。

これが自分と同等か立場が下の人であれば、おもてなしの幅が広がります。

たとえば別の業界に進んだ学生時代の友人なら、業界特有の事情や最近のトピックスを教えてあげるだけでも、喜んでくれるでしょう。

出張のときは、職場の面々を思い浮かべながら少し奮発して地元の高級スイーツでも買っていけば、同僚への十分なおもてなしになります。

最近元気のない後輩を連れ出して、ランチをご馳走しながら話を聞いてあげれば、先輩への尊敬と信頼がさらに深まるはずです。

また、自分のお客さまに貢献するのはもちろんですが、取引先・発注先を大切にするのもいいでしょう。

たとえば私も、こちらが発注する立場、すなわちお客さまになるのですが、融通《ゆうずう》を利かせてくれる旅行代理店には欠かさずにお中元・お歳暮をお送りしていますし、懇意《こんい》にしている自動車ディーラーには大富豪をご紹介することもあります。

腕がよく、多少の無理も聞いてくれる造園会社には、できるだけ現場に差し入れを持って行くようにしています。

いま偉くない人も、いずれは偉くなることもございます

偉い人よりも偉くない人を大切にするほうが、自分が貢献できることが増えるうえに、相手からの感謝の度合いも大きくなります。話を聞いてあげるだけでも、後輩はなついてく

れます。自分がお客さまであれば、おもてなしを受けるのは当然で特別なことではありませんが、自分のお客さまから大切にされれば、鮮明な記憶として残るでしょう。

さらにいえば、偉くない人のほうが伸びしろが大きいということもあります。

人脈が育つには時間がかかるというのは、信頼を構築する時間が必要だということのほかに、かつて世話をした若い人が大きく育っていく時間のこともいうのです。

私の知る多くの大富豪には、「あいつは自分が育てたんだよ」と自慢できる後進がいます。海のものとも山のものともつかぬ若者を自分の手元に置いて経営ノウハウを教えたり、たいした実績もない無名の新興企業に投資したりするのです。

そして、そのなかのいくつかは実際に大きな成長を遂げて大富豪をますます豊かにしています。人は、まだ何も手にしていなかった若いころに受けた恩は一生忘れないものです。

偉くない人を大切にすることが、やがて大きな果実となることもあるのです。

第三法則
「上下逆転・土俵替えで、立場が上の人との人脈をつくる」

そして、最後が「上下逆転・土俵替えで、立場が上の人との人脈をつくる」。

おもてなし人脈術の第三法則です。

ここまで、見返りを求めず、相手を選ばず、いわゆる偉くない人に対しても、誠心誠意おもてなしをすることの意義をお話してきました。

では、お客さまや上司・先輩など、自分より高いステージにいる人と、どのように接していけばいいのでしょうか。

貢献なくして人脈が成り立たないのであれば、そして自分よりも上の立場の方には貢献できることが少ないのであれば、偉い人とは人脈は築けないということでしょうか。

いいえ、唯一、方法があります。

偉い人とお近づきになるには、上下逆転、もしくは土俵替えをすることです。

ヒト・モノ・カネなど、明らかに相手が勝っている分野では貢献しようとしても、初めから勝負になりません。そうではなくて、相手が持っていないものを提供するのです。

比較的時間が自由になる方であれば、普通の人が行くことができない日や時間に、エグゼクティブが集まる場に行ってみるのもいいでしょう。

私どもの会社にゴルフが大好きな執事がいて、よく平日に時間ができると名門ゴルフコースに一人で通っていました。

一人でゴルフコースに行くと、ほかの組と現地でペアリングしてもらえることがあるのですが、たまたまご一緒した方が大富豪で、その後お仕事につながったことがありました。

このほか、早朝のホテルのスポーツジムやボランティア活動を通じて、エグゼクティブと知り合いになったという例もあります。

お互いの地位や立場を知らないまま、趣味やスポーツ、ボランティアなど、共通の体験をすると、先入観がないので、人間同士としての絆や仲間意識が生まれやすくなります。

つまり世界的な大富豪と、仕事を求める執事という、ビジネス的な利害関係から、趣味やスポーツ、ボランティアをともにした「仲間」という土俵替えができるのです。

さらには、ビジネス的には相手に貢献できることはなくても、よく行くゴルフコースであれば、コース攻略のポイントを相手に教えることができます。スポーツジムであればトレーニングマシーンのセッティングを教えてあげたり、ボランティア活動であれば、自分が世話役として一生懸命取り組めば、相手はあなたを信頼のおけるリーダーとしてみてくれるのです。

これが「上下逆転・土俵替えで、立場が上の人との人脈をつくる」という、おもてなし人脈の第三法則なのです。

面倒なことにこそ、チャンスが眠っています

自分の労力を提供するという方法もあります。

特別なことはできなくても、人が嫌がること、面倒なことをあえて引き受けるのです。

私がおすすめするのは、飲み会の幹事です。日時を決め、出欠を取って店を予約するという誰にでもできる簡単な仕事ですが、いざやってみると細々と面倒なことも起きます。誰かがやってくれるとありがたいと思える仕事の代表格でしょう。

私もしばしば、大富豪が集まる小規模なパーティーや勉強会のセッティングを無償で引き受けています。幹事を務めると、必ず出席者の全員と直接やり取りすることになりますから、じつは上の立場の方と知り合う貴重な機会でもあります。

ほかに、私がよく引き受けていたのは運転手役です。週末ゴルフの予定があるのに、専属の運転手が休みでいないという場合は、私が大富豪の送り迎えをします。

昔はよく、「新人は誰よりも早く出社して皆の机を拭け」といわれたものですが、これも自分の労力を使ったおもてなしの一つです。いまの時代であれば、パソコンやスマートフォンが苦手な上司のインストラクター役を買って出るのもよいかもしれません。

面倒なことにこそ人脈を広げるチャンスが眠っています。億劫《おっくう》がらずに、ぜひ自分から行動を起こしてみてください。

第1章

執事だけが知っている「極上の人脈」とは？

私は執事として、１００人を超える大富豪から依頼を受け仕事をするなかで、大富豪特有の人づき合いの仕方を発見しました。

序章では、「おもてなし人脈術」と呼び、３つの原則が隠されていることをお伝えいたしましたが、第1章では、つてがまったくなくてもゼロから貴重な人脈を手に入れる方法をお教えします。

人脈とは、チャンスを与えてくれる人たちのことでございます

「人脈を築きたい」という人の多くは、まず知り合いを増やそうと考えがちです。しかも、著名人や社会的地位のある方など、できれば自分よりもステージの高い人と知り合いになりたいと思っている方が大半です。

けれども、知り合いの数を増やすことと、人脈を築くことはまったく別の話です。

かくいう私も、執事サービス会社を創業した当初は、「人脈」＝「知り合い」だと勘違いしていました。ビジネスオーナーなどの富裕層をターゲットに定め、そういう方たちが顔を出すパーティーを巡り歩いていたのです。ところが、なかなか仕事にはつながりません。

その経験から、人脈を得ようと駆けずり回っても、ほとんど意味がないことを学びました。

実際、大富豪のもとには、「ぜひお近づきになりたい」とさまざまな人が絶え間なく訪ねてきます。大富豪と顔見知りになり、会えば言葉を交わす程度の間柄になったとしても、たいていの場合、それ以上関係が深まることはありません。一緒にビジネスを立ち上げるほど目にかけてもらえる人は、せいぜい100人に一人くらいでしょうか。

困ったときに助けてくれるのが「人脈」です

「知り合い」と「人脈」の決定的な違いは、自分を助けてくれるかどうかです。

たとえば、仕事上でトラブルが起きたときに、無理なお願いでも聞き入れて、すぐに動いてくれるかどうか。「その他大勢」の知り合いに過ぎなければ、時間をつくって助けたり、融通を利かせてくれたりはしないはずです。

それに加えて、新しいチャンスをくれる人も、自分を助けてくれる貴重な人脈の一部です。私の最初のお客さまもそうでした。まだ執事として何の実績もない私に、お仕事をくださったばかりか、ほかのお客さままで紹介してくださったのですから。

振り返ってみれば、これまでの仕事の大半は、お客さまたちからご紹介いただいたものです。執事の仕事を続けていくうえで、もっとも重要なものはまさに人脈なのです。

私にチャンスを与えてくれたのは、必ずしもお客さまばかりではありません。

たとえば、大富豪の家に出入りしている顔なじみの植木職人さんが、先日、「執事を探している人がいるんだけど、新井さんの会社で頼めるかい？」と声をかけてくれました。

このように大富豪にサービスを提供している会社間で、互いに仕事を紹介し合うことはめずらしくありません。私も大富豪から美術品の購入や資産運用先などの紹介を頼まれたときは、これまでのおつき合いで信頼のおけるところをおすすめしています。

名刺交換しただけの著名人よりも、いつも顔を合わせている人のほうがチャンスを与えてくれるものです。自分にとって価値の高い人脈は、意外に身近なところに存在している可能性があるのです。

普通の人でも、人脈だけで大富豪になり、大富豪であり続けています

人脈を抜きにして成り立たないのは、何も執事の仕事に限りません。じつは大富豪こそ、誰よりも幅広い人脈に支えられているのです。

一代で巨額の富を築いた大富豪といえば、豊かな発想力や大胆な行動力、強じんな意志力など、人とは違う才能を持っている方を想像することでしょう。

たしかにメディアに取り上げられるような起業家やオーナー社長を見ていると、とがった個性をお持ちの方が多いように思います。

ところが、私がこの仕事を通じて知ったのは、メディアに華々しく登場する敏腕実業家

だけが大富豪ではないということです。特別な能力や高いスキルで道を切り開いたという
より、人脈一つで財を成した方が意外に多いのです。

人脈が大富豪への道でございます

私が仕えていた、あるビルメンテナンス会社を経営するお客さまは、まさに人脈に支えられて大富豪への道を登りつめたタイプです。

その方はもともと設備保守の会社に勤める会社員でしたが、入社してすぐのころから毎晩のように取引先やお客さまを誘い出して飲み歩いていました。

しかも、いつも気前よくご馳走していたといいます。初めは、会社の経費で接待していたのだろうと思いましたが、そうではなかったのです。

「いやいや、自腹だよ。だから安月給のほとんどが飲み代に消えていたよ（笑）」

営業目的というわけでもなく、純粋にお酒が好きだから飲みに行く。自腹でご馳走していたのも、「自分が誘った相手に喜んでもらいたい」「とにかく楽しく飲みたい」という極

めてシンプルな理由でした。

ところが、それだけ飲み歩きを続けていれば、翌朝寝坊して遅刻することもしばしば。さすがに勤務態度に問題ありとみなされ、「もう来なくていい」と会社から宣告されてしまったのです。

再就職先がすぐ見つからなくて困っていると、その話を聞いて立ち上がったのが、飲み仲間の方々でした。「あいつが飲み歩いてクビになったのには、俺たちにも責任がある」とばかりに、あれやこれやと仕事を回してくれたのです。

飲み歩いて築いた多彩な人脈に支えられて、その方は思い切って会社を立ち上げました。最初は個人事業主のように仲間に回してもらった仕事を受けていましたが、そのうちに一人ではこなしきれないほど得意先が広がっていきました。

必要に迫られて社員を雇うようになり、現在では１０００人を超える従業員を抱えて、全国に支社を構えるまでに成長しています。

失礼ないい方かもしれませんが、その方の印象は、「人のいい普通のおじさん」という表現が一番しっくりきます。

特別な才能を持つカリスマリーダーが、持てる能力のすべてを使って地位を築いたのではなく、この大富豪はいまでも、周囲がはらはらするくらい素朴で純粋な方です。

誰もが認める大富豪となったにもかかわらず、このお客さまは現在でも昔と同じように夜の街に繰り出しています。

取引先や社員を誘い出して飲み歩くのはもちろん、若い人たちを自宅に呼び、飲み食いさせることも大好きです。自らキッチンに立って手料理を振る舞い、しかもそれが「肉野菜炒め」のようなごく普通の家庭料理。若手社員でも、社長への親近感がぐっと高まり、肩肘張らずにその場を楽しむことができます。

この方は、「いつか起業するぞ！」という野心を持っていたわけでもなければ、戦略的に飲み歩いていたわけでも、設備保守の高度なスキルを持っていたわけでもありません。周囲の人々に手をさしのべられて、あれよあれよという間に大富豪に登りつめたのです。

この方はいまでも、社員たちからあれやこれやとサポートを受ける毎日です。

「社長、そんなことで大丈夫ですか？」「もっとしっかりしてください！」とお小言をもらいながら、きっと今夜もどこかで大好きなお酒を味わって、豪快な笑い声を高らかに響かせているでしょう。

60歳を過ぎても「この人は放っておけない」と思わせる、どこか可愛げのあるキャラクターが身近な人々を惹《ひ》きつけるのです。

逆に、どれだけ才能に恵まれていても、人脈を築けなかったためにドロップアウトした例もたくさんあります。

そもそも仕事とは、一人でできるものではありません。お客さま、従業員、協力会社など、さまざまな人とのかかわりのなかで成し遂げていくものです。

周囲の人に愛され、助けてもらえることは、ビジネスを成功に導く大切な要素なのです。

人脈が成功への最短距離になるのには理由がございます

多くの大富豪を見ていると、人生を切り拓くツールとして、人脈ほど効率的なものはないと感じます。人脈を持つことの大きな効用は、成功への最短距離を進むことができるという点。つまり、人脈があると「話が早い」のです。

たとえば保険商品のセールス担当者のなかには、飛び込み営業で一軒ずつ訪ね、相手の家族構成やライフイベントを聞き出し、最適な保障を割り出して説明する人がいます。

もし会社の知名度が低ければ、商品を売り込む前に企業の特徴や成り立ち、経営者のキャラクターまであれやこれやと説明し、「この会社は信用できるのか」という心配を消すことも大切です。

何とか次回のアポイントをとりつけ、オーダーメイドで提案書をつくり、お客さまに時間をかけてご説明しても、契約がもらえるとは限りません。「やはり自分には必要ない」と最後に断られてしまえば、それまでにかけた手間と時間は無駄になってしまいます。

ところが、誰かにお客さまを紹介してもらった場合は、どうでしょうか。

まず、お客さまの基本的なプロフィールを事前に入手できるので、営業に行く前に提案内容を練り上げることができます。

また、人に紹介を頼むくらいですから、そもそも相手は商品に興味を持っているはずです。そのため、実際の面談でも「買うか、買わないか」ではなく、「何を選ぶか」という話から入ることができるでしょう。もちろん、相手の信用を得るために、自分や会社の説明に時間をかける必要もありません。

転職するときも同じです。

通常は求人サイトで情報を集めてから、履歴書を出して書類選考のふるいにかけられ、三回くらい面接をくぐり抜けて、ようやく採用にいたりますが、人からの紹介の場合はすぐに決まります。

私も会社員のころ、ある人の紹介で外資系企業に転職する際、面接だといわれて行ってみると、仕事内容の説明や採用条件の交渉など、すでに採用する前提でどんどん話が進んでいくので驚いた経験があります。

いまでは私自身も経営者として、スタッフの採用活動をおこなっています。

執事の仕事は信用第一ですから、人材採用にはとても神経を使います。

それだけに、採用する側の心理としては、やはり紹介された人のほうが安心できます。というのも、紹介者を通じて、人柄も含めたバックグランドから実績やスキルレベルまで、適正に把握できるからです。

その人のことを多面的・客観的に評価できるので、ミスマッチも少なければ、逆に過剰な期待を抱くこともありません。

もちろん紹介者も、自分の信用にかかわるので、いい加減な人を紹介するわけにはいかないでしょう。いわば誰かのお墨付きをもらってやってくるわけですから、すでに第一関門を突破しているのです。

「お友達人事」は悪いことではございません

意外に思われるかもしれませんが、とくに外資系企業は、現場の上司が人事権を持っているので、「お友達人事」が横行《おうこう》しています。

セールスマネジャーのポストが空いたとしたら、公募で人を選ぶ前に、その上司にあたるセールス部門のシニアマネジャーが、自分の人脈から適切な人を選ぶのです。ある部門のマネジャーが転職するときに、信頼するスタッフも引き連れていってしまい、チームごとごっそり他社に引き抜かれたという話もめずらしくありません。

「お友達人事」と聞くと閉鎖的で不公正な印象を持たれがちですが、そもそも適正に人を見極めるのはじつに難しいもの。人の能力やポテンシャルは、簡単に数値化できません。人材を選別・抜擢《ばってき》するのは、どれだけ慎重に判断しても、最後の最後は賭けのようなものです。

試しに、ご自身の会社内を見渡してみるといいでしょう。冷静に観察すれば、自分と同じくらいの実績を持ち、自分と同じようにがんばっている人は、たくさんいることに気づくはずです。

では、そのなかから上司は誰を引き上げるかといえば、やはりまずは自分と結びつきが強い人から探すのではないでしょうか。いずれにしても最後は賭けとなるのなら、少しでも自分が信用できる人材を選びたいと思うのが自然です。

「あいつはきっとコツコツ真面目に努力するだろう」「あいつは人当たりがいいからチームの雰囲気もよくなるはずだ」といった予測が立つのは、上司が直接その人を知っているからにほかなりません。

部下の立場で考えてみると、その上司の人脈に入っていない人は、決して実力も努力もひけを取らないのに、引き上げてもらえないということです。上司があなたのことを「知らない」という、ただそれだけの理由でチャンスが失われるのです。

転職とまではいかなくても、社内で「希望の部署に異動したい」「あのプロジェクトに参加したい」などの希望がある人は、まずは自分を知ってもらうことが重要でしょう。

人脈が広がるほど、与えられるチャンスも増えるはずです。

人脈づくりは誰にでもできて、一番効果が早く出る「スキル」なのです

書店の棚をのぞくと、人脈術を説《と》いた本をたくさん見つけることができます。

「人脈を築きたい」

「人脈を広げていきたい」

と願っている方がそれだけ多いということでしょう。

いい人脈を持っていれば、チャンスの幅が広がったり、新しい刺激を受けたりするので、仕事も生活もより豊かなものになります。

人脈は自分の人生に大きな影響を及ぼすものだということを、多くの方がよくご存じな

のでしょう。

正しい人脈づくりを学びましょう

人脈づくりに対する誤解も世のなかに広がっています。

名刺交換をしたり、ＳＮＳでつながったりすれば、人脈ができたものと思ってしまう人も少なくありません。当の私自身がそう勘違いしていました。

ただ、幸いなことに私の周りには、素晴らしいお手本となる大富豪がたくさんいらっしゃいました。大富豪の振る舞いを見て私は自分の過ちに気づき、正しい人脈づくりの方法を学びました。

それを自分でも実践するようになって以来、人が人を呼ぶかのようにネットワークが広がっていきました。意識していないうちに、「気がつけば人脈が育っていた」という印象で、その効果に自分でも驚きました。

人脈づくりはスキルです。

持って生まれた資質や特別な能力は必要なく、正しい方法を学び、実践していけば、誰でも身につけることができます。

しかも、おもてなし人脈術は、3つの法則に当てはめて実践するだけです。

「おもてなしを続けなさい」「相手に貢献しなさい」などといわれると、一見ハードルが高そうですが、これはたとえれば、中高生が部活の試合で、「チームのために最後まで全力を出してがんばろう」といわれているのと同じようなこと。

何も難しい話ではなく、20代の若い方からそれ相応の経験を積んだベテランの方まで、誰でも簡単に始めることができるのです。

おもてなし人脈の見返りは、「あるとき払いの催促なし」でございます

私のお客さまの一人に、一代で財を成した方がいらっしゃいます。

もともと会社員でしたが、小遣い程度から始めた投資で成功し、会社を辞めて個人投資家になられた方です。

会社員時代から後輩を連れて飲みに行くのがお好きでしたが、独立してからも、もといた会社が業績不振になって解雇された後輩を家に住まわせ、給料は出せないかわりにご飯を食べさせたり、デイトレードの仕方を教えて独立をあと押ししたり、何かと面倒を見ていたそうです。

ところがリーマンショックの際、ご本人が負債を抱え、多額のお金が必要となってしまいました。払えないとすべてが破綻《はたん》し、一文無しになってしまう。

そんな窮地《きゅうち》を救ってくれたのが、それまでかわいがって面倒を見てきた後輩や、巣立って行った弟子たちでした。

皆が少なからぬお金を出し合って貸してくれたおかげで、何とか乗り切ることができ、投資家として復活できたというお話でした。

見返りを求めないことは、信用を買うということです

多くの人は、誰かに何かをしてあげたら、見返りを期待してしまいます。

「これだけのことをしてあげたのだから、これくらい返してもらって当然だ」

でもその気持ちは、いますぐ捨てるのが賢明です。

見返りを期待しているうちは、本当の意味でのおもてなしをすることはできません。

先に挙げた大富豪のような極端な窮地に陥ることはないでしょうが、普通の人でも何か

の事情で会社を辞めることになり、次の就職先に困るといったことは起こり得ます。

でもそんなときに「うちへ来いよ」といってくれるのは、「この人には本当に世話になった」「見返りを求めないあいつなら信用できる」という気持ちがある人だけでしょう。

いつも見返りを求めてくるような相手に対しては、「これだけ返しておけば十分だろう」と思われておしまいではないでしょうか。

本当の見返りとは、絶体絶命のときに返ってくるもの。

目先の小さな見返りを期待するあまり、本当のピンチのときに助けてもらえないとしたら、もったいないことだと思います。

見返りを期待してはいけない理由は、もう一つあります。

それは、人は誰かに何かしてもらうより、相手に何かを与えるほうが満足度は高いということです。

この項目の冒頭で紹介した大富豪の例を思い出してみてください。もしも見返りを期待するなら、会社をクビになった後輩を家に住まわせたり、苦労して編み出した投資術を教えたりするでしょうか。きっと安い給料でこき使ったり、授業料を取ったりしたでしょう。

しかしその方にとってはそんなことよりも、かわいがっていた後輩が新しい仕事に就けるとか、投資家として一人前に育っていくのを見るほうが大切だったのです。

大富豪にとって人脈の最大の見返りとは、まさにこの満足度にあります。

自分が何かをしてあげたおかげでその人の人生が好転した、ステップアップできた、家族の仲がよくなったなど、皆が喜んでくれるのが嬉しいのです。

逆にいうなら、誰かに何かを与えて喜べる人にしか、人脈の見返りはありません。これこそまさにおもてなし人脈術の真骨頂《しんこっちょう》といえるでしょう。

第2章

「心構え」と「準備」が、超一流を引き寄せます

自分にとって大切な人脈をつくるといっても、手あたり次第ネットワークを広げていたら、まったく効果がありません。

自分がどんなことで相手に貢献でき、それを求めているのは誰かを明確にする必要があるのです。

第2章では、おもてなし人脈術を展開するうえで欠かせない心構えや準備についてご説明します。

自分が何者であるかを決めましょう

初めてお会いした人に「お仕事は？」と聞かれたとき、「普通の会社員です」と答える方がいます。謙遜《けんそん》されているのかもしれませんが、もし大富豪と人脈を築きたいと考えているのだとしたら、これは得策ではありません。これでは相手に何の印象も残せないからです。

大富豪は毎日、たくさんの方とお会いしますので、少しでも印象に残らなければ、その他大勢のなかに埋もれて、すぐに忘れ去られてしまいます。

「普通の人」は、「透明人間」のようなものなのです。

人脈を築くためには、まず初めてお会いした人に、自分が何者であるかを知ってもらうことが必要です。

そのためには、自分が何者であるのかを自分自身が決めておかなければなりません。

じつは、私自身もこれを間違えていたことがあります。

まだ、会社を立ち上げてすぐのころです。

パーティーなどで人に紹介されて、「お仕事は何ですか？」と聞かれた際に、「執事の会社をやっています」と答えていました。まだ、執事の仕事など日本ではまったく認知されていない時代のことです。「それはめずらしいですね」と興味は持ってもらえるものの、なかなかお客さまとなる人脈にはつながりませんでした。

ところがある日、ある方から、「それで、どんな人が執事を利用しているの？」と聞かれて気づきました。私の自己紹介には「誰のための執事なのか」という文言が抜けていたのです。

そこで、私は自分の会社を「大富豪に特化した執事の会社」であると決めました。人とお会いしたときは、より具体的に「大富豪にご満足いただける執事サービスを提供する会社です」と自己紹介するようにしたのです。

もちろん最初は不安もありました。

あえて「大富豪のための執事です」と絞り込むことで、大富豪とまではいかないまでも、十分な資産をお持ちの富裕層からの依頼をシャットアウトしてしまうのではないかと思ったのです。一つでも仕事がほしい時期でしたから、ほんの一握りしかいない大富豪に限定することは大きな賭けでした。

ところが、「大富豪のための執事です」と打ち出したことで、結果として、大富豪の方々から、「自分のためのサービスなのだ」とわかってもらえるようになり、徐々に仕事の依頼につながっていきました。

印象に残らなければ、信頼もされません

私は、「相手は自分のことをほとんど知らない」という、当たり前のことに気づいていませんでした。自分が何者であるのかを明確にして、相手にピンポイントでメッセージを届けなければ、印象には残りません。

「何でもできます」は、「何もできない」といっているのと等しいのです。

先日、たくさんプロフィールを載せている名刺をもらいました。その方の肩書きはファイナンシャルプランナーでしたが、名刺の裏を見ると、コーチングの資格を持っていることや、プロの風水師としても活躍していることがびっしりと印刷されていました。

面白いとは思いますが、果たしてこの名刺を見て、この人にファイナンシャルプランナーとしての仕事を依頼したいと思うでしょうか。実際には、専門的なサービスを高いレベルで提供してくれるのかもしれません。でも私なら、初めてお仕事を依頼するのであれば、やはりこの道一筋で仕事をしてきた専門家を選びます。

これは、美味しい蕎麦が食べたいと思ったときに、「うちはカレーが人気です」という蕎麦屋より、「蕎麦粉や水にこだわっています」という蕎麦屋に行きたくなるのとまったく同じことです。とくに初めてのお店であれば、まずは蕎麦一筋の店を選ぶのが普通でしょう。

軸がぶれている人は、結局、「何ができるのかよくわからない人」と思われてしまうということです。

これは一般の会社員の方も同じです。

「お仕事は？」と聞かれたときに、「営業です」と一言で済ませるのではなく、「自動車の営業をしています」と具体的に答えたほうがよいでしょう。さらに、「どんな車でもご用意できます」ではなく、「海外の高級車でしたら、〇〇や〇〇というメーカーのものを扱っています」、「高齢者でも安全な自動運転機能のついた車が当社の特徴です」というように、具体的な商品を挙げて説明するほうが、相手の印象に残ります。高齢のご家族をお持ちのお客さまに、「次の車の買い換えは、あの人に頼もうかな」と、思い出してもらえる可能性も高くなります。

もっとも、複数の職業を持っている場合は少々事情が異なります。

最近では、平日は会社員、土曜・日曜は週末起業家というように、二足の草鞋《わらじ》を履いている方も少なくありません。

そのときに大切なのは、両者を混同しないということ。一つの看板には一つの人格、一つのテーマに絞り込むことを忘れないようにしましょう。

そして、冒頭でも述べましたが、絶対に売り込みをしてはいけません。二度と会ってもらえなくなってしまいます。

誰におもてなしをするのかを決めましょう

自分が何者であるかを決めるにあたって、誰におもてなしをするのかを決めることも大切です。誰と人脈を築きたいかが見えてくると、自分が何者なのかという部分もより鮮明になっていくと思います。

たとえば、自分がファイナンシャルプランナーであると決めたら、子育て世代にサービスを提供するのか、あるいは高齢者世帯か、富裕層なのかを決めるのです。

子育て世代と富裕層とでは喜んでもらえるサービスは異なりますから、誰に何をおもてなしするのかが、自然と決まってきます。

軸をぶれさせてはいけません

おもてなしの相手を決めるというのは、それ以外を拒絶するということではありません。おもてなしの相手を想定するということです。

私の場合でいえば、「大富豪のお客さまに対して、おもてなしをいたします」と決めています。だからといって、実際におもてなしをする相手は大富豪だけではありません。

たとえば、私のところには、「今度、○○さんという大富豪の方を招待してホームパーティーを開くのですが、いいケータリング会社を知りませんか」というような相談が持ち込まれることがあります。もちろん快《こころよ》くご相談にのりますし、自分の都合がつけば、「それなら、私がパーティーのアレンジをしましょうか」と、幹事役を買って出ることもあります。直接の仕事の依頼ではありませんが、いわば相談してくださった方へのおもてなしをするのです。

そうすることによって、大富豪に喜ばれるパーティーをアレンジできる人間だということが、その方にも、パーティーに参加された方にも認識してもらえます。

こうしたおもてなしをコツコツと積み重ねていくことで、執事である私という存在が、広く認められていくようになります。新たな大富豪との人脈ができたり、次の仕事につながったりしていきます。

こうした声をかけてもらえるのも、「大富豪のお客さまに、喜んでもらえるようなおもてなしができます」と名乗りを上げているからです。何ができる人かが明確に伝わっていると、「大富豪へのおもてなしなら新井に相談してみよう」と、選んでもらえるようになるのです。

最近では、本業の執事サービスとは別に、大富豪向けビジネスに関する研修やコンサルティングの依頼も増えています。

また、富裕層のお客さまから「自分は大富豪ではないけれど、結婚式のときだけ執事を雇って、ハイクラスなサービスを受けてみたい」といったご相談を受けることもあります。

最初から「何でもやります」という姿勢でいたらこうはならなかったでしょう。

「大富豪へのおもてなし」という軸をぶらさずに貫いてきたからこそ、仕事の幅も広がっていったのだと思います。

30秒で自己紹介ができるようにしましょう

大富豪のもとには、ぜひ会って話を聞いてほしいと、一日に何人もの方が訪ねてきます。

しかし、そのすべてが大富豪にお会いできるわけではありませんし、幸運にも大富豪と面会できても、与えられた時間はそれほど多くはありません。大富豪に興味を持ってもらえなければ、数分で面談は終了しますから、最初の自己紹介はとても重要なのです。

単なる知り合いで終わるか、人脈につながる次のステップに進めるかは、最初の自己紹介で決まるといっても過言ではありません。

自己紹介の時間の目安は30秒です。短すぎるのも長すぎるのもよくありません。

30秒のなかで、自分が何者であるのか、相手に何を提供できるのかを伝えることが大切です。そこに自分のストーリーを盛り込めれば完璧です。

私がこれまでに知り合った方の自己紹介で、とくに印象に残っているのは、料理教室の先生をしている女性です。要約すると次のようなものでした。

「私は100パーセント天然素材で家庭料理をつくる料理研究家です。なぜ、100パーセント天然素材にこだわっているかというと、以前、私自身が体調を崩したときに、その原因がどうも化学調味料だということがわかってきたのです。そこで、調味料の段階からすべての食材を天然素材に変えたら、体調がよくなりました。ですので、これを世のなかに広めたいと思って、100パーセント天然素材にこだわる料理研究家となりました」

彼女の自己紹介は、まず「100パーセント天然素材は体にいい」という一番伝えたいことを明確にし、さらに「100パーセント天然素材でつくる料理のノウハウと知識を教えることができます」と、自分が何を提供できるかをしっかりと伝えています。しかも、体調を崩した自分がこの方法で健康を取り戻すことができたというストーリーも盛り込まれています。

会社員の場合、自分の会社の紹介で終わってしまうことも多いかと思いますが、それはそれで、悪いことではありません。まず、自分がどのような会社に勤めているのか、会社が、どのように素晴らしい商品を提供しているのか、相手に対してどういうサービスが提供できるのかを紹介することが基本です。それを熱く語るだけでも好印象ですが、そこに自分の話題を少し盛り込むことで、相手の記憶に残ります。

「週末はサーフィンをするのが趣味です」でも、「この仕事に就いたのは、昔見たドラマの影響なんです」でも、一言、個人的な情報を加えるのです。相手にとっては、プライベートの話をしてくれたという特別感もあり、親密度が増します。

自慢話だけは、してはいけません

やってはいけない自己紹介は、自慢話です。

「有名大学を首席で卒業した」
「偏差値がどのくらい高かった」
「有名人の誰それが高校時代の友達だ」

など、他人の自慢話ほど聞いていて退屈なものはありません。

そうはいっても、人前で自分について語るのは苦手だという方もいると思います。あらかじめ、自己紹介で何を話すのか、原稿をつくって練習してみてはいかがでしょうか。

まず、最初の課題は、30秒以内で自己紹介することです。

次に、相手がどのような反応をするのかをきちんと観察することも大切です。反応があまりよくなければ、どこが悪いのかを考えて、より魅力的な自己紹介の内容をつくってください。

そして、一番大切なのは、自分の話は30秒以内で終わらせて、残りは相手が関心のある話をしたり聞いたりすることです。自己紹介を30秒でまとめるには、相手のことに興味や関心を持つことが、第一歩になるのです。

見た目で9割決まってしまうことを忘れてはいけません

私は執事という職業柄、どこに行くときでも、たいていスーツにネクタイという服装です。プライベートでカジュアルなパーティーに参加するときでも、同じような服装でうかがいます。ネクタイに遊び心を加えたりすることもありますし、スポーツをするときには、それなりのウェアを着ますが、基本的にいつも同じスタイルを保つようにしています。

それは、いつどこで、どなたとお会いしても、私はこういう人間ですと認識してもらいたいからです。

いつ、人脈につながる出会いがあるかわかりません。そのときに、私がアロハシャツに短パンという服装だったとしたらどうでしょう。いくら「執事の仕事をしています」といっても、相手はあまりピンとこないでしょう。

よく、「人は見た目で9割決まる」といいますが、まさにその通りです。見た目と中身のイメージが揃っていなければ、相手の印象には残らないものです。

とくに、最初の印象で、人はその後の人間関係を築くかどうかを決めてしまうといいます。ですから、初めて人とお会いする際には、相手の期待に沿えるような服装を心がける必要があります。

すべての職業にいえることですが、服装で大切なのは誠実さと清潔感です。

高級品でなくてもかまいませんが、その人の職業に合った清潔できちんとした服装を選びましょう。むしろ、高級なブランドもののスーツを一般の企業に勤める若い会社員が着ていたら、あまりいい印象は持たれません。

「収入に見合わない服装だけど、借金でもあるのでは？」と勘繰る人も出てくるでしょう。

ライバルと差別化するために、個性的な服装で、と考える人もいるかもしれませんが、これも、あまりおすすめできません。

芸術家ならば、個性的な服装は効果的かもしれませんが、一般の会社に勤めている人の場合は、ふざけているような印象を与え、かえって逆効果です。

大富豪は、あなたの持ち物をよく見ていらっしゃいます

意外と見過ごされがちなのが持ち物です。

たとえば、大富豪は、相手の靴や鞄、名刺入れ、筆記用具などを、じつによく見ています。一見、きちんとしたスーツを着ていても、足元に目を向けたら、手入れが行き届かず、少しくたびれた感じの靴を履いている人もいます。こういう人を大富豪は、だらしない人間と評価します。スーツに運動靴などは論外です。やはり、その服装に合った靴を履くことが大切です。

鞄や名刺入れ、筆記用具なども同様です。高価なものでなくてもかまいませんが、子どもが使うようなキャラクターグッズなどではなく、ある程度きちんとしたものを持つことが好印象につながります。

また、持ち物は、初対面の相手との話題づくりに使うこともできるので、エピソードのあるものをお持ちになるのも一案です。

たとえば、私は以前から、皇室関連施設内の売店で販売されているハマナスの花のボールペンを使っています。特別高価なものではありませんが、高級感があり、ひときわ目を引くボールペンです。よく海外のお客さまから、「素敵なボールペンですね、なんという花ですか?」と聞かれます。

「ハマナスといって、皇太子徳仁親王妃雅子様のお印なんですよ」とお話しすると、大変興味を持っていただけます。日本のお土産に買って帰りたいという人もいらっしゃいますので、プレゼントにしても喜ばれます。

相手にどう見られたいかを常に意識し、それに合った服装、髪型、持ち物を意識することが大切です。

まずは身近な人におもてなしをしてみましょう

人脈をつくるうえで、大切なのはおもてなしの心です。おもてなしというのは、相手を思いやる行動、相手がしてほしいと望んでいることを叶える行為です。

これは、ある特定の人にだけおこなうのではなく、普段から、誰に対してもおこなうようにしておかないと、自然にできるようにはなりません。

メールを一通書くにしても、相手の立場に立ってメールを書いている人と、自分の伝えたいことだけを書いて送ってくる人では、印象がまるで違います。

たとえば、待ち合わせの場所を相手に伝えるメールは、日常的にやり取りしていると思います。普通は住所に地図を添えて、「こちらでお待ちしています」と書いて終わりですが、先日私がいただいたメールには、「何々駅の何番出口を出て右に歩いて5分ほどです」と添えてありました。それならば、待ち合わせの10分前に駅に着けばいいだろうと、出かける時間の目安を立てることができます。相手の立場に立って考えるからこそできるこうした心配りが、おもてなしとなり、その後の信頼関係の構築につながるのです。

また、相手に理解できる言葉や、理解できる内容を心がけることも大切です。

会話をしているときでも、ときどき難しい言葉や略称を使う方がいますが、これは要注意です。わからない話をする人は、それだけで相手からシャットアウトされてしまいます。一般的に使われない難しい言葉を使うということは、相手に対して、自分はこれだけ知識があるという自慢にも受け止められてしまいます。

これは意外に感じられるかもしれませんが、知ったかぶりをしない、ということも結果としておもてなしにつながります。

調べてわかることはまず自分で調べるのが原則ですが、「それは何ですか？」と知らないことを素直に聞けるかどうかが、その後の人間関係の分かれ道になる場合もあります。

会社を経営されている大富豪は、よく自社製品の話をしてくれるのですが、「この製品に使われている○○システムが素晴らしい」といわれても、素人には何のことかわかりません。そのときに思い切って、「○○システムってどういうものですか?」と質問すると、相手は待っていましたとばかりに喜んで説明してくれるのです。

人間は、基本的に人にものを教えることが大好きです。まして、自分の得意な分野について教えることは大きな喜びです。むしろ、まったく質問がなければ、この人は、私の話に興味がないのかなと不安になってしまう可能性もあります。

また、わからない人の代わりに聞くというケースもあります。

これが得意なのは、ジャーナリストの田原総一朗さんです。あの方が司会をしている討論番組を観ていると、専門家が難しい言葉を使って解説しているときに、「そんな難しいことをいわれてもわからないよ。もっとわかりやすく説明してよ」と話をさえぎることがしばしばあります。実際にご本人は理解していると思うのですが、視聴者に成り代わり、わからないふりをして聞いているのです。

こういう場面で、ゲストの芸能人などは質問がしにくいものです。話の腰を折ってしまうかもしれないし、「勉強不足だ」と非難されてしまうかもしれません。ところが田原さんが「わからないよ」という分には問題ありません。代わりに質問してくれているのを周囲もわかっているからです。誰も傷つかない、じつにスマートなおもてなしだと感じます。

もっとも簡単なおもてなしは、感謝を伝えることです

そうした特殊なおもてなしではなく、普段、私たちがもっとも簡単にできるおもてなしがあります。それは、感謝を伝えることです。

たとえば、「今日はお時間をつくっていただきありがとうございました」とお会いした人にお礼のメールを送るのもおもてなしです。たとえ相手が、「今日の面会はいまひとつ実りがなかった」と感じていたとしても、「そんなに喜んでもらえたのなら、会ってよかった」という気持ちになります。感謝されることで「時間を無駄にした」というネガティブな気持ちから「いいことをした」というポジティブな気持ちに変換されるわけです。

まずは自分にできるおもてなしから始めてみてはいかがでしょうか。

相手に知ってほしい自分の情報を公開しておきましょう

初めてお会いした相手に興味を持った場合、相手が経営者であれば、その会社のホームページを検索して社長プロフィールを見たり、本を出版していれば、買って読んでみたりすると思います。

それは相手にとっても同じです。最近は、一般の人でも手軽に自分のホームページやブログをつくることができます。フェイスブックやツイッターなどのSNSも広く使われるようになりました。

これらを活用して、自分に興味を持ってくださった方が、自分のことを調べられるように、あらかじめ自己紹介用のブログやフェイスブックを用意しておくと、人脈づくりに一歩踏み込むことができます。

大富豪もＳＮＳを使っていらっしゃいます

最近は大富豪でも、ＳＮＳを利用している方が増えています。多くの場合、一個人として公開している方が多く、大富豪だとわかるような情報は一切出していません。

たとえば、海外に出かけたという投稿でも、どこかの高級ホテルに泊まってシャンパンを飲んでいるような写真はありません。空港の写真とともに「羽田空港です。これからシンガポールに行ってきます」と簡潔なコメントを書き、シンガポールに着いても、「シンガポールに着きました」と街路樹の写真を載せるなど、とてもシンプルです。

日常生活の一端が垣間見えるような、差し障りのない範囲内での投稿が多く、ペットの写真を載せている方なども多くいます。

こうした何気ない投稿であれば、読んだ人も気軽にコメントを入れることができます。

長い時間をかけて人脈を育む大富豪は、細く長くおつき合いをしている人との関係をつなぐツールとしても、ＳＮＳを活用しているのです。

そういった差し障りのない投稿のなかに、ご自分が経営されている会社の新商品の紹介であったり、新店舗の紹介であったり、会社のトピックスがさらりと書かれていることもあります。

著名人でＳＮＳの使い方が巧《たく》みなのは、ソフトバンクの孫正義さんです。

ツイッターで会社の発表会の報告や、自社の野球チームの優勝報告をはじめ、プライベートな素顔がうかがえるような話題も書かれていますが、やはりご自身のきらびやかな生活を自慢するような内容は書いていません。

広く一般の方に親近感を抱かせつつ、会社の宣伝もする、一石二鳥の自己紹介の場になっていると思います。

これは一般の方でもできることです。

初めてお会いして「30秒で自己紹介」をしても、そこですべてを語り尽くすことはできません。もっとこの人のことを知りたいと興味を持ってくださった方に、気軽にアクセスできる場所を用意しておくことで、押しつけることなく、自分のことをより多く知ってもらうことができます。

人脈づくりのための情報公開と考えたときに、してはいけないことは、やはり自慢話です。空港のエグゼクティブラウンジでシャンパンというようなセレブ自慢は、タブーです。

それから、これはよくいわれることですが、政治と宗教の話はやめましょう。

また、意外とトラブルになりやすいのがスポーツチームの話です。複雑なファン心理が衝突することがたびたびあるので、「私はどこのチームを応援しています！」と熱い記事を投稿するのは、人脈づくりを目的とするならば、避けたほうが賢明だと思います。

おもてなしの見返りは求めない覚悟が必要です

あなたは、自分の両親から「お金を貸してほしい」と頼まれたとしたら、いくら貸すことができますか？

私自身も考えてみたのですが、悩んだ末、「500万円くらいならすぐに貸してもいいだろうか」と思いました。しかしよく考えてみたら、これはとても失礼な話です。両親は私を育てるために、かなりの金額を使ったはずです。子ども一人を育てるのに3000万円とも5000万円ともいわれるなか、自分が出せる金額は10分の1程度です。親は子どもを無償の愛で育ててくれたのに、子どもはたいしたお返しもしないのです。

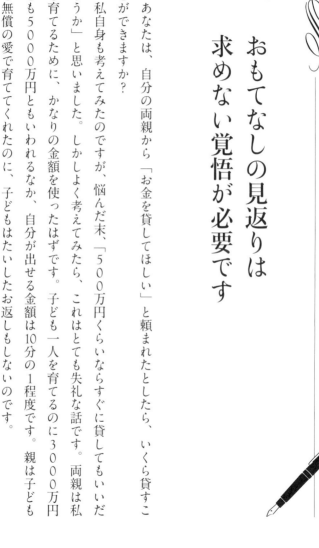

人は、自分が他人にしてあげたことは覚えているのですが、他人にしてもらったことは意外と忘れているものです。自分の親に対してでさえこの程度なのですから、他人から「お世話になった見返り」が戻ってくる確率は、10分の1以下と考えるのが妥当でしょう。

おもてなしは、見返りを期待しておこなうものではありません。

おもてなしとは親が子どもにかける無償の愛のようなものです。子どもからの見返りはほとんど期待できませんが、子どもは感謝していないわけではありません。感謝や愛情の気持ちはずっと心のなかにありますから、何かの折に恩返しをしてくれることもあります。

人と人とのつき合いも同じです。親子ではありませんから、無償の愛を注ぐのは難しいと思いますが、選り好みせず、誰に対しても無私の心で相手のために尽くすことが、人脈を築いていく最大の近道になると思います。

見返りを求めないことがメリットになることもございます

損得なしにおもてなしをしていくと、何年も先に思いがけない見返りをいただくこともあります。

私の会社でも、ときに家庭の事情などで会社を辞めざるを得ない人がいます。執事の仕事は、お客さまの都合に応じて不規則な勤務になりますので、「今日は6時で帰ります」ということができないのです。

縁あって一緒に仕事をしてきた仲間ですから、次の仕事探しに困っているのであれば、時間の融通が利く会社を紹介したり、推薦状を書いて持たせたりします。

「辞めていく人間をそこまで世話することはない」といわれることもありますし、何か見返りがあるわけでもないのですが、ときにはいいことも起こります。

辞めていった仲間が、何年か先に私の本を買ってくれて、「読みましたよ」と連絡をくれたり、家庭の事情が変わったりして、また復職してくれることもあります。

もともと見返りを期待していない分、余計に嬉しいものです。

無理をしないで済むということも、見返りを求めないことのメリットです。

「これだけ世話してやったのに、何も返してもらっていない」と不満を募《つの》らせている人に限って、無理をしておもてなしをしていることが少なくありません。

相手からしてみれば、無理をしてほしいと頼んだ覚えはないのですから、そんなことを続けていたら、むしろ関係が悪化してしまうかもしれません。

人間、見返りを求めると、ついつい無理をしてでもがんばってしまうもの。見返りなど気にしなければ、自然体でおもてなしを続けていくことができます。

見返りが戻ってくるのはせいぜい10分の1という話をしましたが、10分の1という確率は同じでも、もし10人に同じことを続けていけば、見返りの可能性は10倍にふくらみます。さらに時間軸をかけ合わせると、複利の効果で、雪だるま式に大きくなっていくものです。最終的にはおもてなしをした数と時間だけ、自分に返ってくると考えることもできるのです。

たとえば、私が執事の仕事を始めた当初は、ちょうどメールマガジンが流行し始めた時期でもありました。

会社の宣伝にでもなればと、私も週3回くらいのペースで執事の仕事について書いた文章を配信していました。

読者が100人くらいしかいなかったとしても、興味を持ってもらえたら嬉しいという思いで続けていました。

するとたまたま読者のなかに出版社の編集者の方がいて、「本の監修をしてもらえませんか」というお話をいただいたのです。

さらに、執事の話は面白いということで、出版の企画が持ち上がり、それが私の初めての著書になりました。

このメルマガは、いわば無償のノウハウの公開です。

「誰かの役に立てれば」「少しでも楽しんでもらえたら」という思いで、始めたものです。

ですが、結果としては、執事のサービスをご利用される大富豪のお客さまだけでなく、出版社や一般の方からも、大きな見返りをいただく結果となったわけです。本当にありがたいことです。

手間と時間を惜しんではいけません

人と人との関係を育んでいくには、手間と時間がかかります。これらを惜しんでいたら、いい人脈を築くことはできません。

大富豪は、そのような人脈づくりをよく心得ています。

ある大富豪は、名刺をいただいた全員に、メールか手紙をお出しになっています。

その代筆を私どもがするわけですが、「今日のパーティーではこんな話を聞けてためになりました」「私どものほうで協力できることもあるかもしれません」というように、一人ひとりに合った文章をお考えになります。

しかもそのメールや手紙は、名刺交換した当日、遅くとも翌日までに、お送りしています。そして、二週間以内にメールや電話などでご連絡し、再度会う機会をつくるのです。お会いする機会を増やすことによって、徐々に関係を築いていかれるのです。

また、そのようにして築いた人脈は、その後も細く長く大切にします。

大富豪が出す年賀状の数は、毎年少しずつ増えていきます。誰にでも出すわけではありませんが、少しでも関係が深まった方へは毎年お出しになります。そして、相手の方がお亡くなりにでもならない限り、こちらから年賀状を止めることはありません。

30年前に知り合った方に、いまでも年賀状を出している大富豪がいます。

そのお相手の方とは仕事のつき合いもないようなので、「この方はどのような方ですか？」とお尋ねすると、「30年前にクルーズ旅行で知り合った人だ」といいます。

「それからも一緒に旅行に行かれたりしているのですか？」とお聞きしますと、「ほとんど会っていないな。最近は年賀状のやり取りと、年に数回、電話で話をするくらいだよ」というのです。

一般的には一度や二度会っただけの相手と、しかもその後あまり会う機会もなければ、年賀状のやり取りをしていたとしても、そのうちに途切れて、お互いに忘れてしまうことが多いのではないでしょうか。

ところが大富豪は、楽しい時間を共有した大切な人を切り捨てません。

年賀状だけのやり取りでも関係を続けていくので、毎年、年賀状が少しずつ増えていくのです。昨年は1000枚だったら、今年は1100枚、来年は1200枚というふうに、年々、一割程度増えていきます。

関係性を絶やさないために、年賀状以外にも誕生日にはメールでメッセージを送ったり、数年ぶりでも、相手の家の近くに行く際には「久しぶりにお昼ご飯でも」と連絡を取って会ったりしています。人づき合いには損得抜きに手間暇をおかけになるのです。

人脈づくりは、種まきと一緒でございます

私も、執事の会社を立ち上げたのは2008年1月でしたが、いまでも創業当初にお会いした人から、仕事のご依頼をいただくことがあります。

その間、相手の方に積極的にセールスしたことは一度もありません。むしろ、仕事以外の用件でお会いする機会のほうが多いくらいです。しかし、私は執事としての姿勢を常に忘れないようにしています。たとえ親しくなっても、丁寧な態度を崩さず、常に軸がぶれることがなければ、必要なときにお声をかけていただけるのです。

そういう芽は、いつ出てくるかわかりません。

たとえるならば、人脈づくりというのは、未知の種をまいて、畑にずっと水をやり続けているようなものです。

半年で芽が出てくるものもあれば、10年後に芽が出てくるものもあるというような感じです。たくさんの種が、いつの間にか自分にいろいろなチャンスをもたらしてくれたり、仕事をもたらしてくれたりします。

趣味の畑仕事のように、どんな芽が出るのか楽しみにしながら、水をやり続けることが人脈づくりの基本といえるかもしれません。

第3章

人脈づくりには「落とし穴」がございます

人脈を広げたり深めたりしたいと思いながら、間違った方法を選んでしまっている人が少なくありません。

とりわけ、自分よりもポジションが上の人とお知り合いになろうとして、逆効果になっているケースも見られます。

第3章では、陥りがちな人脈づくりにマイナスなケースを挙げ、効果的な方法を紹介します。

名刺コレクターになってはいけません

名刺は、初対面の相手に自分を知ってもらうために、欠かせない大切なツールです。ビジネスパーソンであれば、ほとんどの方が自分の名刺をお持ちでしょうし、いただく機会も多々あると思います。

執事の仕事の一つとして、大富豪が会合などで受け取られた名刺をお預かりして、管理するという業務があります。一般的には、多くのビジネスパーソンが名刺を受け取ったら、名刺ホルダーなどに保管していると思います。

ところが、大富豪は名刺を保管しません。

少々ショッキングな話かもしれませんが、大富豪から執事がお預かりした名刺は、翌日には処分してしまいます。

ただし、処分する前に、大富豪が必ずおこなうことが二つあります。

一つは、名刺をいただいた方に対して、当日か翌日にお礼の手紙やメールを送ることです。相手との接点がもう一回増え、人間関係を深めるきっかけとなるからです。

お礼の手紙やメールをお送りするためには、どのような方だったか、あらためて相手との出会いを振り返る必要があります。

そのうえで、定型文や通り一遍の文ではなく「あのときのこういうお話が、参考になりました」などと、相手のことを思い起こしながら、一人ひとりに出会いの喜びと感謝の気持ちを伝えます。

パーティーなどに出席すると、不特定多数の方と名刺交換をしますが、その場合も大富豪はお礼の手紙やメールは欠かしません。そのため、大富豪は人とお会いするときに、ただ単にあいさつ代わりの名刺交換をするのではなく、できるだけ会話をして、その内容を自分の心のなかにメモをしているようです。

逆にいえば、自分の心にメモできる範囲の人数の方々とのみ、会話をするよう心がけているのです。

パーティーなどでは、名刺をいかに数多く配り、いかに数多く集めるかに一生懸命な方もいます。でも、名刺の数の多さだけを気にしているようでは、薄っぺらな人脈になってしまいます。数ではなく、深さを大切にすることで、本当の人脈が築けるのです。

もう一つ、名刺を処分する前におこなうのは、名刺の情報を顧客管理システムにインプットすることです。

名刺を処分してしまうのは、何かの間違いで他人の手に渡ったりしないようにするためです。個人情報の漏洩《ろうえい》を避ける意味でも、セキュリティレベルの高い顧客管理システムにデータとして残しておいたほうが安心です。

そしてそこに、お会いした日付や、お送りした手紙やメール、あるいは電話の内容など、相手の方とのかかわりがわかる履歴を入力します。こうしておけば、名刺にさまざまな情報が紐《ひも》づくので、次にその方とお会いしたときに、どんな方だったか思い出しやすくなり、次の会話の糸口も探れます。

ただし、例外もあります。

「この方とはとくに親交を深めたい」と、強く興味をひかれる場合は、名刺入れに入れておきます。ただし、その名刺入れは20～30枚しか入れられない小さなものなので、それ以上名刺を増やすことはなく、増えたときは随時入れ替えをします。

というのも、人数が増えてしまうと、全員に対して責任を持っておつき合いすることが難しくなってくるからです。

もちろん、入れ替えて漏れてしまった方を大切にしないということではなく、「いまの自分にとって、とくに深くおつき合いしたい人」を絞っておくということです。

名刺はあえて最後に出すというテクニックもございます

大富豪は名刺交換のタイミングも絶妙です。

通常のビジネスマナーでは、会って最初におこなうのがセオリーです。けれども、オフィシャルでないパーティーや会合などのときは、最後まで名刺を渡さないことも多いのです。

最初に名刺交換をしてしまうと、どうしてもかしこまったビジネスライクな関係ができてしまいますが、ある程度話をして相手との距離が縮まってからの名刺交換であれば、より親しみやすい関係を築けるのです。

たとえば、新幹線や飛行機のなかで、隣の方とたまたま話し始め、意気投合したことはないでしょうか。

話が終わり、最後の別れ際に、「じつは私はこういう者で……」とお互いに自己紹介をすると、「では、次にもう一度お会いしましょう」ということになる確率が高くなるのです。

肩書きではなく、人と人としてのつながりから始まった人間関係は、その先の人脈づくりにも力を発揮します。

名刺交換のタイミングやきっかけがどのようなものであっても、名刺をコレクトするという意識ではなく、一人ひとりときちんと向き合うことが大切です。

他人の名前を軽々しく口にしてはいけません

執事は、公私にわたって大富豪の生活のお世話をさせていただく仕事です。

大富豪のなかには、誰もが名前を耳にしたことがあるような著名人も、たくさんいらっしゃいます。

もちろん私たちには守秘義務がありますので、お名前を口外することは一切ありません。

初めてのお客さまから「これまでどんな人を担当していたの？」と実績を尋ねられることもありますが、「守秘義務がありますので」と断りを入れて、ご理解をいただいています。

ところが世間では、人脈自慢が好きな人がいます。

少し会っただけで「〇〇さんと友だちなんです」と話したり、一度講演会を聞きに行っただけなのに「〇〇さんを知っています」などと、大げさにいってしまう人は意外と多いように感じます。

これはとても危険なことです。とくに、大富豪はそうしたことを好みません。大富豪の前でむやみに他人の名前を出してしまうと、「この人と関わると、知らないところで自分の名前を出されるかもしれない」と、警戒されてしまいます。

それなのに、大富豪のところに営業に来る方のなかにも、人脈自慢をしてしまう方が多く見られます。人間は、とくに自分よりポジションが上にある人に対しては、「自分を大きく見せなくては」という意識が働いてしまうからでしょう。

あなたの周りでも、自分より上のポジションの方とお会いするときに、「私は御社の〇〇部長をよく知っていまして」などと、いちいち口にする人はいないでしょうか。

そのほうが、商談や取引がスムーズに進むと思っているのでしょうが、大きな勘違いです。その部長と本当にたしかな信頼関係ができているなら別ですが、そうでないのに自慢気に他人の名前を出すのは、むしろ本当の人脈がない証拠といえます。

こうした人脈自慢は、むしろ人脈を築くうえでは大きなマイナスです。

名前を出すことで、実際に相手に迷惑をかけたり、信頼を失ってしまったりすれば、その方との関係はもう修復できません。

人脈自慢はお相手の顔をつぶしてしまうことにもなりかねません

それなりのポジションにいる方々は、名前を口にした人が知らないところでつながっている場合もあります。

たとえば、私が見栄を張って、ある大富豪に「〇〇さんのことはよく知っています」と吹聴《ふいちょう》したとします。

たまたまその大富豪が〇〇さんと親しくて、「新井さんとのことは知っている？」と本人に聞いてしまったらどうでしょうか。当然「知らないよ」と返されますから、大富豪は私に不信感を抱くに違いありません。

そればかりか、大富豪に恥をかかせることになりかねません。

もちろん、自分と同程度のポジションにいる知り合いの話をする分には、問題ないでしょう。たとえば、商談中に「以前は○○社の営業にいらしたんですね。じつは私の幼なじみも営業にいるのですが、ご存じですか？」などと雑談しても、相手の気分を害すことはないはずです。

また、実際に、地位の高い方から紹介されて営業に来たときなどは別です。「○○社の○○部長からご紹介いただいて参りました」といっても、事実を伝えているだけなので、人脈自慢にはなりません。

相手のほうから「○○社長はご存じですか？」などと聞かれた場合は、正直に答えましょう。そのときには、「ご面識はあります」、「ごあいさつだけさせていただきました」などと、控えめに伝えるといいでしょう。

いい方ひとつで印象は変わります。くれぐれも自慢に聞こえないように注意してください。

ビジネス交流会に行ってはいけません

ビジネス交流会や異業種交流会が、人脈づくりにつながると思っている人は少なくないと思います。たしかに、参加すること自体は悪くはないと思いますが、本当に人脈をつくりたいのなら、注意しておきたいことがあります。

同じ立場・同じ状況の人が集まる会には行ってはいけない、ということです。

じつは、私も起業家交流会に参加したことがありますが、失敗でした。起業家は、皆仕事を求めて参加するので、そこでは何も発展しませんでした。結局、同じような状況の人が集まり、ただの慰《なぐさ》め合いで終わってしまったのです。

もっと悪い場合は、愚痴のいい合いで終始したこともあります。

「でも情報交換はできるはずだ」と思われるかもしれませんが、同じ立場、同じ状況の人たち同士では、お互いに貢献できることがなく、意味のない交流会になってしまうのです。

レベルの違う会合に行きましょう

こうした経験を踏まえていえることは、ビジネス交流会に参加するなら、自分より立場が2ランクの上の会か、2ランク下の会か、どちらかを選びましょうということです。

2ランク上の会に出ると、大いに発奮します。1ランク上ぐらいだと、少し背伸びをすれば話を合わせることができますが、2ランク上になると、完全に自分とのレベルの違いを見せつけられるからです。

私も知り合いに誘われて、上場企業の社長の交流会に行ったことがあるのですが、まったく話についていけませんでした。私くらいの小さな会社の経営者は、「いかに自分の会社を成長させるか」という発想になりがちです。ところが、何千人という従業員を預かっている経営者は、「いかに社会貢献するか」、「いかに世界を変えていくか」と、別次元のレベルで議論しているのです。

これだけ差があると、もはや真っ向勝負では通用しないということがよくわかります。このレベルの方々に、ビジネスの情報や経営のノウハウを提供できるわけがありませんから、何とかして自分が貢献できる方法はないかと、真剣に自分の土俵を探すようになります。つまり、「上下逆転・土俵替えで、立場が上の人との人脈をつくる」というおもてなし人脈術の第三法則を実感できるはずです。

逆に、2ランク下の交流会に参加すると、人脈術の原点に立ち返ることができます。おもてなし人脈術の大原則は、「人脈はおもてなしによってのみしか生まれない」でした。相手に貢献して初めて人脈が築かれるということですが、2ランク上の相手の役に立つことは難しくても、2ランク下の相手には貢献しやすいのです。

いい例が、母校のOB・OG交流会です。

就職活動中の後輩がいれば、社会人の先輩としてビジネスの経験談を話してあげたり、さまざまな業界にいる自分の知り合いを紹介したりすることもできます。条件が合えば、自分の会社で雇うこともできるでしょう。

大富豪も、学生起業家など、若くて社会経験が少ない人に会うことを好みます。しかも、誰もが注目するような人よりも、誰からもまだ目をかけられてない人に手を差し伸べます。

損得勘定抜きで、無名の人だからこそ自分が応援してあげたいという純粋な気持ちでサポートしているので、相手も恩義を感じ、ずっとあとになって見返りがあることも多いのです。

じつは私にも、こんな経験があります。

会社員時代に大学の後輩が、OB訪問に来ました。とてもいい人物だったので、推薦状を書き、人事にも紹介したところ、入社が決まりました。

それ以降、彼は「自分は新井チルドレンだ」といって慕《した》ってくれ、私が会社を辞めたいまでも、困ったときに助けてくれます。

同じレベルの人ではなく、2ランク上か下の人に目を向けてみましょう。水平思考ではなく垂直思考で考えると、人脈にもより広がりが出てくると思います。

名刺に工夫をしてはいけません

名刺は自分を伝える大切なツールであることはたしかですが、ときには「やり過ぎでは」と感じることもあります。

私の周りでは、華美な名刺はとくに自営業者の方に多い気がします。

先日も、ある方から、これでもかと自己アピールを盛り込んでいる名刺をいただきました。基本的な名前や住所のほかに、名刺の表裏にわたって、写真もあれば、ご自身の経歴やキャッチフレーズ、そして信条も書いてあるというもので、読むだけで3分ぐらいかかりそうな名刺でした。

おそらく「名刺によって人脈を築く」ことを指南したノウハウ本に書かれていることを、そのまま実行されているのでしょう。

ここまで情報を盛り込まなくても、最初だからこそ、自分をアピールするために、名刺に工夫を凝らしている人は多いと思います。

けれども、それは逆効果なのです。というのは、自分で自分をアピールすることほど、説得力のないアピールはないからです。

相手は、「これほど自分からアピールしてくるなんて、この人は本当に中身があるのだろうか」と、警戒してしまいます。

名刺はいわば、「自分のメニュー」です。

たくさん料理の内容や、味の詳細が書かれているメニューを見せられると、それだけでお腹がいっぱいになってしまいます。

情報満載の名刺を受け取った側は、名刺だけで満足してしまい、それ以上その人に興味・関心を持つことはありません。

人脈につながる名刺というのは、シンプルさが大切です。

職業がわかり、氏名と住所、そして連絡先である電話番号やメールアドレス程度の、普通の名刺で十分なのです。入れてもブログのURL程度にして、「時間のあるときにでも見てください」と伝えたほうがよほど効果的です。

飲食店のショップカードならまだしも、個人の名刺は、情報を盛り込んだり過度に工夫したりするのではなく、必要最低限の情報プラスアルファぐらいがよいのです。

ただ、顔写真がついた名刺は、あとあと思い出すときに使えるので助かります。会社のロゴや簡単なイラスト程度なら、あっても問題ないでしょう。

内容に凝るだけでなく、名刺のかたちに工夫を凝らす人もいますが、個性的なかたちだと管理がたいへんです。私も四つ折りの名刺をいただいたことがありますが、かさばってしまいました。大きい名刺の場合は、名刺入れに収まらないこともあります。

人脈につながる名刺がございます

大富豪は、どんな名刺が人脈につながるかを十分ご存知です。

大富豪なら、いかに個性的な名刺をお持ちかと思われるかもしれませんが、じつはいたってシンプルなケースがほとんどです。氏名とメールアドレスだけしか書かれていないような名刺もよく見かけます。

大富豪の名刺のなかには、多くを語らないけれども、興味をひかれる名刺もあります。たとえば、肩書きが印象的な名刺です。

私であれば、「執事」もしくは「代表取締役」になりますが、ある大富豪からいただいた名刺には「慈善家《じぜんか》」とありました。「慈善家」とは、いったい何をやっている方なのだろうと、思わず調べたくなりました。

そんなふうに、相手の印象に残る名刺というのは、情報量やかたちではないのです。

人は、話をたくさんしてくれる人よりも、自分の話を聞いてくれる人を好むもの。

名刺でも、自分の情報を押しつけるよりも、むしろ相手から「この人をもう少し知りたい」と思わせるくらいの控えめさがいいのです。

自分を大きく見せてはいけません

人はつい、他人の前では自分のいいところを見せようと、背伸びをしてしまうものです。大富豪は、自分を大きく見せたり背伸びしたりすることはありません。また、私どもに対して偉ぶることもありません。そもそも自分の自慢をしないのです。

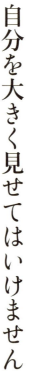

大富豪のもとには高価な商品を売り込もうという人がたくさん来ますが、資産がたくさんあるような素振りは見せません。

たとえば、「いや、大富豪だといわれるけど、資産の大部分は会社の株だよ。売ってしまうわけにはいかないから、実際に使えるお金は少ないんだよ」というようないい方をされます。豪邸に住んでいることも、「こういう家に住んでいるのも、社員に夢を持ってほしいからであって、実際は火の車だよ」と笑ってお話しになります。

大富豪が自分の自慢をしないのは、最初の期待値を下げるためです。

たとえば、「私は世界ナンバーワンの執事です」などといわれると、「そんなにすごい人なんだ」と、その人に対する期待値はどんどん高くなっていきます。

ところが、何度も会って関係が深まっていくうちに、「最初はあんなことをいっていたけど、意外にたいしたことないな」となってしまいます。最初に大きく見せれば見せるほど、時間の経過とともに残念な人になってしまうのです。本当に力があったとしても、最初に高い期待値を感じさせてしまった分、実力まで低く見積もられてしまうのです。

じつは、やるべきことはその逆で、最初は小さく見せたほうがいいのです。

アウトローの若者が、横断歩道で困っているお年寄りの手を引いていたりすると、ちょっとした感動物語になります。けれども、いかにもきちんとした優しそうな紳士が、同じことをしても話題にもなりません。

まずは「たいしたことはなさそうだ」と相手に思わせておいて、そこから次第に実績や中身を知ってもらえれば、より立派な人に見えるのです。つまり、右肩上がりで実力を見せることが、信頼や人脈につながっていくといえます。

執事も、最初に過度な期待を抱かせません

私も仕事上、これを利用することがあります。

一般的に執事といえば、仕事はテキパキとしていて、とてもフレンドリー、かつラグジュアリーなサービスをしてくれる、というイメージがあります。

それだけに執事に対するお客さまの期待値は、最初からとても高いので、少しでもそのイメージを壊すようなことが起きたら、契約を終了されかねません。

そこで、大富豪のもとに新しく執事を派遣するときは、最初にこんなご説明をします。

「今回派遣する執事は、経験が5年ほどしかありません。本当は20~30年の経験のあるベテランを担当にさせればよかったのですが、彼は5年の経験しかありませんので、最初の

うちはご迷惑をおかけするかもしれません。けれども、お客さまときちんとコミュニケーションを図っていくなかで、お客さまにとって最適なサービスを提供できる執事になっていきますので、よろしくお願いいたします」

じつは、5年の経験があれば、それなりに高いスキルを持つ優秀な執事といえますが、あえてそのように伝えます。すると、お客さまは執事に対して過度な期待は抱きません。それどころか、「思ったよりしっかりしているじゃないか」と右肩上がりで評価がよくなっていきます。

この方法は、さまざまな場面で応用が利くのではないでしょうか。

たとえば初めてのプロジェクトでよく知らないメンバーと一緒に仕事をしなくてはならなくなったとき、最初から自分をできるように見せ、だんだん失望されるよりも、最初は自分を小さく見せ、そこからどんどん右肩上がりで、自分の強みや特徴を理解してもらったほうが、「できる人」との評価を得られやすいと思います。

年賀状と暑中見舞いを出してはいけません

大富豪のもとには何百枚、何千枚もの年賀状が送られてきます。年賀状は人脈づくりのツールとしては一定の効果はありますが、ほかの人と同様に、単に年賀状を出すだけなら、そこに埋もれてしまいます。

そこで、関係をより深めたい相手とは、あえて年賀状や暑中見舞いを出さずに、直接お訪ねすることをおすすめします。

普段はなかなか会えない相手でも、時節のあいさつなら、訪問を受ける側も断る理由はありません。

年末年始や暑中見舞いなど、一年の特別な時期は、取り立てて用事がなくても、相手とお会いできるチャンスです。

一昔前と違って、いまの時代、直接訪問する人はほとんどいません。だからこそ、わざわざ訪問する人は目立ちますし、価値があるのです。

そして「ごあいさつだけ」のつもりでうかがっても、「お正月だし、せっかくだから、一杯飲んでいきなよ」と声をかけてもらえることも多く、思いがけずじっくりとお話しできる場が設けられることもあります。

年賀状一枚で済ませるよりも、よほど親密な関係をつくりやすいのです。

直接うかがうことで、新たな人脈につながります

私も、年賀状を出さずに、年末年始に大富豪のもとへうかがいます。

年末のごあいさつは仕事納めの日や12月30日、31日に、年始は正月二日あたりです。

まず、お電話やメールで「年末のごあいさつにうかがいたいのですが、よろしいですか」と確認を取ります。

早目にご連絡をしないと、大富豪の予定はすぐに埋まってしまうので、年末の場合は12月15日より以前に、ご連絡差し上げます。

たいていの方は「いいよ」と、すんなり受け入れてくれます。

そして年末のあいさつのときに、「お正月はどうされているのですか」「ご年始には皆さん、来られるのですか」と、さりげなくうかがいます。

じつは大富豪は、皇居の一般参賀《さんが》のごとく、お客さまを受け入れる日を設けていることが多いのです。

「二日の午後は皆に来てもらっているよ」などという話を聞くと、すかさず「私もうかがってよろしいですか」とお願いします。

暑中見舞いの場合は、「暑気払いに、ささやかですが、お持ちしたいものがございます」とお伝えし、水菓子などを持参します。

暑中見舞いに「来るな」という方は、まずいません。

その流れで、大富豪から「暑気払いで食事でも行こうか」とお誘いを受けることもあり、そうなると、ますます関係は深まります。

これで、暑気払いと年末年始の、年に3回、確実にお会できるチャンスを得ることになります。

さらに、このやり方が優れていると感じるのは、大富豪のもとを訪問することで、新たな人脈がつくれるチャンスもあることです。

最近のお正月のことですが、あるお客さまのもとへ、年始のごあいさつにうかがいました。そこで、たまたまそのお客さまの取引先の方と一緒になり、ご紹介をいただいたのです。

ときには、大富豪がオーナーを務める会社の部下の方と、ご一緒になることもあります。

そのようにして、また新しいつながりができるのです。

安易に人を紹介したり、紹介を求めたりしてはいけません

誰かの紹介で、人脈が広がることはたしかにあります。友人の紹介で、趣味のスポーツチームのメンバーを集めるとか、友達の友達と知り合って結婚したカップルもいるでしょう。ただ、ビジネスのつき合いで、安易に人を紹介したり、されたりするのは、相当の覚悟が必要です。ビジネスのつき合いは、利害がからむ関係だからです。

それだけに、ビジネスの場で人を紹介するのは、自分が保証人になるのと同じことです。ビジネスにおいては、お金の問題やこまかな契約条件など、もめる要素がいろいろあります。それがわかっているのに、自分が保証して他人を紹介するのであれば、もめたときに

仲裁に入るぐらいの覚悟が必要です。

人を紹介してもいいのは、「自分が代わりに全責任を負える」場合だけでしょう。

たとえば、その人を紹介したことにより経営に損失を与えた場合に、それを自分が支払ってもいいくらいに思えるかどうか、です。

あるいは、絶対にもめる要素がなく、「この人なら安心だ」と太鼓判《たいこばん》を押せる人を紹介すべきでしょう。

ある大富豪から、とても苦い経験談をうかがったことがあります。

大富豪仲間から人を紹介してもらったはいいけれど、契約の段階でもめてしまい、紹介した方と紹介された方の双方の関係が悪化してしまったというのです。

安易な紹介は、せっかく築き上げてきた人脈を断ち切ってしまうリスクがあります。

紹介を頼むということは、信用を借りるということです

逆に、安易な気持ちで人に紹介を求めてもいけません。

ビジネスがからむ紹介を求めるのは、その人の信用を借りて仕事をするわけですから、その人にお金を借りるのと同じこと。「紹介してほしい」は、「お金を貸してほしい」といっているようなものだと心得ましょう。

では、どうしたらいいかというと、他人に紹介したくなるような人になればよいのです。ユニークな特徴を持っていたり、相手に価値をもたらせたり、何らかの魅力があり、他人から一目置かれるような存在になれば、自分から求めなくても、誰かがあなたを紹介してくれるはずです。

別の言葉でいい換えれば「その人に会うと得する」と思われる人になることです。

私も、かつて多くの大富豪に紹介した人が一人います。

その方の肩書きは「電力コンサルタント」といい、適切な節電方法をアドバイスしてくれる仕事でした。

大富豪の豪邸では、ビルと同じような大規模な空調設備や、池やプールのための循環器などを使っているので、電気代が月に100万円を超えることもめずらしくありません。毎月の電気代に頭を悩ませている方は多かったので、「いい人を紹介してもらった」と大変感謝されました。

その方は、電力コンサルティングというスキルを持っていて、しかもそれは豪邸や別荘を持つ多くの大富豪が求めているものでした。

「この人を紹介すればお客さまが得をする」と思える貴重な能力を持っていたから、自分から大富豪に紹介したのです。もちろん能力が高いだけでなく、人となりも誠実で、この人なら安心だと感じたことはいうまでもありません。

とはいえ、どうしても「誰か紹介してほしい」という頼みを断れないことがあるかもしれません。

その場合、私は直接紹介するのではなく、紹介の場を提供するようにしています。

具体的には、交流会や勉強会を開催するのです。私どもが主催者となって、メンバーを集め、そこで自由にやり取りしてもらいます。

直接お互いを引き合わせて、いきなり仕事の本題に入るよりも、その一歩手前でお互いを知り合う時間が持てるので、誰にとっても一番負担のない、スマートなやり方だと思います。

人脈を無理につくろうとしてはいけません

取引先に顔が利いたり、幅広いお客さまとリレーションを持っていたり、あるいは社内のあちこちに知り合いがいれば、きっと仕事も円滑に進んでいくに違いありません。

幅広い人脈をつくることは、ビジネスパーソン共通の願いでしょう。

ところが、「どうしてもあの人とは相性が合わない」という相手も、なかにはいるのではないでしょうか。

結論からいうと、相性の合わない相手と、無理に人脈をつくろうとしなくてもいいのです。むしろ人脈は、無理をすると逃げていきます。相性が合わない人とは、どこまでいっても合わないもので、あきらめも必要です。

とはいえ、ビジネスパーソンである以上、「相性が合わないから」といって、その人とのつき合いを投げ出すわけにもいきません。

相性の合わない人へ効果的な2つの方法がございます

じつは、私ども執事も、お客さまとの相性が合わないケースがあります。

やはり「無理はしない」が大原則ですが、お仕事を受けた以上は、プロフェッショナルとして、どのお客さまにも質の高いサービスを提供していく責任があります。

そこで、こんな方法を取り入れています。

一つは、接触回数を増やすという方法です。

具体的には、メールや電話のやりとり、訪問の回数を増やすのです。

「ただでさえ相性が合わないのに、これ以上接点を増やすなんて！」と責められるかもしれませんが、業務上どうしてもその人と関係を築かなければならないのであれば、淡々と回数を増やすことに挑戦してみてください。

というのも、人は不思議なもので、何回も会っていると抵抗がなくなり、相手に好意的な感情を抱くようになるのです。

これは相手も同様で、当初は嫌悪感を持っていたとしても、回数を重ねて接触していくうちに、「なかなかいいやつじゃないか」と、気持ちが変化していきます。

苦手な上司であればあるほど、その上司に積極的に声をかけていくと、次第に打ち解けていくようになるので、試してみる価値はあると思います。

もう一つの方法は、相手のタイプを客観的に見極めるというものです。

私は執事を派遣する場合、その執事がどういうタイプかを見極めて、お客さまに適した執事を担当させるようにしています。

私がその手がかりとして活用しているのが、アメリカの産業心理学者デビッド・メリル氏が開発した理論です。これは執事のコミュニケーショントレーニングに活用しています。

そもそも人には、４つのタイプがあります。

これをメリル氏は「ソーシャルスタイル」といい、これを識別することで、適切なコミュニケーションが取れると説明しています。
4つのタイプをわかりやすく挙げると、次の通りです。

①「理論派」
理論派は、決断を下す前に、進め方のよし悪しで可能性を考慮する方です。もっと具体的にいうと、いろいろな情報を集めて、自分で慎重に判断する方です。

②「現実派」
現実派は、現実的で行動的、個人的感情や感動を人前で表さず、どんどん推し進めていく、いわゆるドライバータイプで、結果主義、仕事第一主義ともいえます。

③「友好派」
友好派は、人に貢献するタイプで、執事として一番求められる人です。周囲の人との協調を第一に考え、仕事と人間関係のバランスをうまく取ります。

④「社交派」
社交派は、楽しくて活気があって、行動も積極的で結果を重視するタイプです。

この4つのタイプは、同じタイプ同士が相性がよいとされ、私も担当執事を決めるとき、なるべくお客さまと同じタイプになるように組み合わせています。

この理論を活用すれば、円滑にコミュニケーションができて人間関係が築けるわけですが、優秀な人は、これを相手によって使い分け、そのタイプを演じています。

優秀な執事は、お客さまが理論派であれば、自分も理論派を装い、お客さまが友好派であれば、友好派を装います。

良好な人間関係を築けるかどうかは、タイプ別の対応ができるかどうかで変わってきます。

安易な頼みごとをしてはいけません

人脈術を身につけたいと思う方が多いのは、「素晴らしい人脈を築くことができれば、何か困ったときに頼みごとができるかも」という期待があるからではないでしょうか。

でも、仮に素晴らしい人脈が築けたとしても、「安易な頼みごとはしてはいけない」ということは強調しておきたいと思います。

たしかに私は、本当の人脈とは、いざというとき自分を助けてくれる人のことだと考えています。でも、せっかく素晴らしい人脈を築いても、安易な頼みごとを重ねてしまったがために、信頼を損ねてしまう例もあるのです。

ぜひ覚えておいていただきたいのは、大きい頼みごとも小さい頼みごとも、頼まれる側はすべて一回とカウントするということです。

些細なお願いでも、相手からすると一回の願いを叶えてあげたことになるわけです。安易な頼みごとを重ねて、「これまでにも、もう十分、いろいろと助けてやったではないか」と相手に思われてしまったら、その瞬間にゲームオーバーです。

本当に助けてほしいときには、人脈の効力がなくなっているかもしれません。「人に頼みごとをする」ということは、カードゲームでいえばジョーカーを切るようなもの。そもそも人間は、何度も何度も頼みごとをするような人を、信用できるものでしょうか。ジョーカーは、「ここぞ」というときの一回だけしか切れないから貴重なのです。それを忘れてしまうと、築き上げてきた人脈はあっという間に崩れてしまいます。

頼みごとのレベルで、人のレベルが見えてしまいます

大きい頼みごとか、小さい頼みごとか、内容のレベルによって、よくも悪くもその人の

レベルもわかってしまいます。

「大きい頼みごと」とは、一生にかかわるような頼みごとで、具体的には進学や就職、転職、結婚など、ライフイベントに関することです。

その人の人生を左右することになり兼ねない重大なもので、それだけに頼まれたほうも、「何とかしてあげたい」と、使命感に火がつくのです。

大富豪は、そのことをよくご存知なのでしょう。

かつて私は、ある大富豪に「君の会社で息子の面倒をみてくれないか」と頼まれたことがあります。やがてはご子息を後継者にしたいと願っていたようでしたが、ご自身も苦労を重ねていまの地位を築かれた方だけに、後継者には世間の荒波を経験させたいと考えていたようでした。

ところが、その息子さんがたまたま就職氷河期にあたって、なかなか就職先が決まらない。そこで、なぜだか私に大きな頼みごとをされたのです。

最初の仕事は、その人の人生を決めてしまうこともあります。

息子さんの一生、もっといえば一族の存続にかかわる大事な頼みごとですので、最初に話を聞いたときは、「そんな大切なことを、私に頼んでくださるなんて！」と驚きました。

でも、それと同時に、とても嬉しかったことを覚えています。

「大切な息子さんをお預かりしたからには、少なくとも、どこに出しても恥ずかしくない社会人に育てなくては」と、使命感に燃えたのはいうまでもありません。

そうして2年ほどお預かりしました。

すると、その大富豪とこれまで以上に親交が深まるようになっただけでなく、ことあるごとに、その方が「うちの息子がお世話になっている執事の会社です」と、私を紹介してくださるのです。大富豪の子弟をお預かりすると、こんなメリットがあるのかと、自分の幸運に感謝したほどです。

大富豪は、縁談の仲介をお願いすることで、人脈をつくることもあります。

縁談というのは、一般の方でもそうでしょうが、うまく成立するととても感謝され、人脈をつくる好機となります。

逆に、あまりにも小さな頼みごとをされると、「こんなことも自分で解決できないのか」と失望するか、「こんな些細なことしか頼まれないほど私は過小評価されているのか」と気分を害してしまいます。

私が会社を立ち上げたころ、知り合いから「社長になったんだから、会社の経費でご飯おごってよ」といわれることがありました。

もちろん、高級料亭でご馳走するわけではないのですから、その頼みを聞くこと自体はたやすいことですが、こんなことで、カードを切ってしまうなんてもったいないと思います。

「食事代も自分で払えないのか」ということになってしまうだけでなく、「その程度のお願いしかできない人」とインプットされ、その人の価値は下がってしまいます。

また、そういう小さな頼みごとをするような人と、長くつき合い続けたいかというと、これにうなずく人はまずいないでしょう。

それよりも、「一世一代で、会社を興すから、出資してほしい」と頼まれたほうが、ずっと頼まれ甲斐があるというものです。

人脈はただ広げるだけではいけません

「人脈を広げる」とは、よく使う表現ですが、私はあまりおすすめしません。

人脈というのは、関係を維持し続けることこそが大切で、それには広さよりも深さが重要になってきます。

たとえれば畑と一緒で、いい作物が育つまでには、まず種をまいて、水をやり、肥料をあげていく。枯れさせてもいけないし、あげ過ぎてもちゃんと成育しないので、ちょうどいい塩梅《あんばい》になるような加減も必要です。

これを、ずっと繰り返していかなくてはならないということです。しかも、せっせと水やりしても、きちんと芽が出てくるかどうかもわかりません。

そんな長い闘いなので、人脈を広げ過ぎてしまうと、肥料をあげたり、水をやったりする世話が行き届かなくなってしまいます。

つまり、広げるよりも、「自分で維持できる広さを保つ」ことが大切なのです。「広げ過ぎてしまった」と感じている人は、自分はどこまで広げるべきか、一度見直したほうがいいでしょう。

人脈は「広げる」のではなく「深める」ものでございます

「人脈を深める」ということはどういうことか、「過去の人脈」と関連づけて説明したいと思います。

人というのは、直近の人脈は大切にするものですが、5年前の人脈はおざなりにしてしまう傾向があります。5年前の人脈というと、過去の人脈と感じてしまう人も多いのではないでしょうか。

しかしじつは、一番自分にとって影響を与えてくれるのは、この過去の人脈なのです。

過去の人脈といったとき、二種類の人脈があります。

一つは、たとえば5年前に一緒に仕事をしていたり、プライベートで出かけたりと、当時は親しくしてはいたけれど、いまは疎遠《そえん》になってしまった人。

もう一つは、5年前から仕事を通して親しい関係になり、いまでも細々と何らかのつながりがあるけれども、当時ほど親しくはないという人です。

いずれの場合でも、ある程度、お互いのことを知っている間柄ですし、一緒に仕事をするなど同じ経験をしてきているので、信頼関係ができているといっていいでしょう。

私自身、5年前に知り合って、関係を維持できている方はいますが、関係性が手薄になりつつあると反省することがあります。

そこで、過去の人脈を大切にしていく癖をつけるようにしています。つまり、水や肥料を、ほどよい感じで与えるようにしているのです。

その肥料や水とは何かといいますと、メールや電話、手紙などできちんとコンタクトをしていくこと、あるいは、自分が何かしら相手の価値になるようなことをときどき提供していくことです。

つまり、人脈術の原点である、おもてなしです。

提供するのは情報でもいいですし、人と人が出会う場でもいいでしょう。

要は、自分がおもてなしをしていく、貢献をしていくという意識と行動が重要なのです。

そのようにしていくと、人脈の深さが生まれてきます。

執事の仕事の場合、一度お客さまとして契約された方が、いまでは何らかの事情で契約をやめる、あるいは、契約をいったんは検討してくれたが、結局契約までに至らなかったというケースがあります。

そんな場合でも、継続的に情報を提供させていただいています。

具体的には、新しく執事が入ってきたタイミングで、執事のプロフィールとともに「お客さまに貢献できそうな執事が新しく入ってきたので、ご案内差し上げます」などと、さり気なくお知らせするのです。

そのときに威力を発揮するのが、名刺に紐づいた情報です。

そこに、その大富豪の方とどのようなやりとりがあったか、契約に至らなかった経緯などもすべて入力しているので、それを見て、「今度の執事はこの方に合いそうだな」と判断します。

情報提供に際しては、メールの履歴も優れものです。

たとえば中国語が得意な執事が新しく来たときに、メールの検索機能に「中国」とキーワードを入れると、関連したメールが絞り込まれます。

ですから、「この人は中国で会社を経営されていたな」とか「中国に出張が多い人だったな」と、リストアップされてくるので、そういう方にピンポイントでご案内することができます。

このように、人脈づくりには、〝水〟や〝肥料〟を決して切らさないことが大切なのです。

第4章

世界のＶＩＰも人間関係を築くためのルールをお持ちです

大富豪の方たちは、おもてなし人脈の本質をよく心得ていて、それを実現する手立てをじつにたくさん持っています。

そのなかには私が真似をしている方法も数多く存在します。

第4章と第5章では大富豪が実践するおもてなし人脈術の数々をエピソードとともに紹介しますが、第4章では、一般の方でもすぐに真似ができそうな基本編を選んで説明しましょう。

初対面では、相手に興味を持ち、懐に飛び込む姿勢を持ちましょう

初めてお会いした人の心をつかむ方法として、大富豪にはこんな共通点があります。

第一は、握手。

それも相手の手を両手で握りしめ、ときに過剰ではないかと思うほど純粋に喜びを表現します。政治家や芸能人の方がよくやっている、あの握手です。

私自身、初対面の大富豪に、がっちりと両手握手されながら、「お会いできて嬉しいです。あなたの書いた本も読みましたよ！」といわれ、驚いたことを覚えています。

執事サービスの営業に来ただけの私と会うために、私の著書を購入し、時間をかけて読

んでいただいたことに感動しました。

第二は、相手に質問するということ。

もらった名刺を見ながら「めずらしいお名前ですね。どちらに多い苗字ですか？」「このデザインは素敵ですね。どんな意味が込められているのですか？」などでもいいでしょう。

質問内容は何でもかまいませんが、３つくらい質問を重ねる方が多いようです。

そして第三は、自分の失敗談を話す。

「じつはここまで来るのに道に迷って、大通りまで行ってしまいましたよ」などと、少し笑える失敗を話します。

つまり、両手で包み込むような握手で「相手との出会いを喜ぶ」。

その人に関する質問をして「私はあなたに興味を持っています」というサインを送る。

自分の失敗を話すことで「親近感を抱かせる」。

さりげなく、私は親しみやすい人間ですよとアピールしているのです。自分から相手の懐に飛び込む姿勢を示せば、一気に距離を縮めることが可能です。

さらに第四に、ダメ押しとして「ミニプレゼントを渡す」のもよくある方法です。

相手の負担にならないような、ちょっとした物でかまいません。「よろしければお使いください」と、自社製品やノベルティを渡す。あるいは自分が書いた本を差し上げる。大富豪が書いた本なら誰もが興味を持ちますし、いい製品なら使ってみたいと思うでしょう。いずれにしても、物をもらって嬉しくない人はいません。

大富豪の方々は、初対面でこの4つのことを、そうと感じさせない自然な流れで、じつにスマートにやっていらっしゃいます。

会話はどう始めるのがいいのでしょうか

会話とは、お互いが相手に興味を持って初めて実りあるものになります。

逆にいえば、自分が相手に興味を持たないことには、相手も自分に興味を持ってくれません。そのためにはどうすればいいか。まずは相手を調べることです。

いまは相手のことを調べる方法はたくさんあります。SNSやネットの記事を検索したり、著書を読んだりするのもいいでしょう。

それから大富豪のような著名人のことを知るのに便利なのが「紳士録」です。会社名、名前、出身地、学歴はもちろん、趣味や住所まで一覧できます。大手の調査会社から出ているものであれば信用できますし、図書館にも置かれています。

私ども執事も、初めてお会いするお客さまについては、紳士録でその方の情報を調べてからうかがうようにしています。

ただし、初対面の相手が住所から何から知っているというのは、あまり気持ちのいいものではありません。

最初の話題の切り口としては、やはり出身地や幼少期にまつわることがいいでしょう。たとえば、相手の出身が高知県なら四万十川《しまんとがわ》にからめた話題に持っていくとか、戦争を体験されている年代の方なら、戦後の貧しい時代に話を振れば盛り上がることでしょう。人は、幼少時代の思い出を話していると、相手を昔から知っているかのような錯覚に陥るものです。

出身地の話題や戦後の話はハードルが高ければ、青春時代や会社創業時、その会社に入った理由など、その方のルーツといえる時代にフォーカスしてもいいでしょう。

思い出話をうかがいながら、あらかじめ調べておいた知識をさり気なく織り込んでいくのがおすすめです。

それでも会話が盛り上がらないと思ったら、早々に話を切り上げます。

話を切り上げるといっても、それで相手に見切りをつけるわけでも、相手との関係をあきらめるわけでもありません。

人との会話が続くかどうかは、数分以内に決まってしまうようです。

つまり数分たっても話が盛り上がらなければ、最初の会話としては失敗です。

盛り上がらない会話を続けるよりも、「それでは、またのちほど」と一度引き下がり、新たな会話の糸口を携えて、改めて敗者復活を狙うほうが効果的です。

さすがにビジネスシーンでは数分で切り上げるわけにはいきませんが、初めてお会いする営業先の部長や担当役員の情報を業界紙などで少し仕入れておくだけでも、会話の盛り上がり方が違ってくることでしょう。

初めてお会いした方と仲よくなる時間の法則がございます

人の印象は、瞬間的に決まってしまうといいます。
最初の7秒で決まるという説を聞いたこともあります。
「初めまして、新井と申します。大富豪向けの執事の会社をやっております」
7秒で自己紹介すると、大体これくらいでしょうか。
言葉だけで好印象を与えるのは、ほとんど不可能といってもいい短さです。
だからこそ、見た目の印象が重要になってきます。

もちろん大富豪も、第一印象の重要性をよくご存じです。

専門家について話し方を勉強するとか、ファッションコーディネーターに服装のアドバイスをもらうなど、熱心に勉強されている方は少なくありません。

7秒で信頼される服装を学びましょう

私たちがもっとも見習いやすいのは、やはり服装でしょう。

たとえば、天皇陛下が海外訪問された際、襟幅が広くて下襟の先端が上向きになっている、いわゆる剣襟というデザインのダブルのスーツをお召しになっていたことがあります。これは礼服にも用いられている襟のかたちで、礼儀正しく威厳ある印象を与えます。

こうしたスーツのTPOは、本を読んだり専門店のアドバイスを受けたりすれば、ある程度学ぶことができるでしょう。

もちろんネクタイも厳選します。

アメリカの大統領選挙の候補者の討論会などを見ていると、全員が一様にネイビーのスーツに赤または青のネクタイをつけていることにお気づきかと思います。

色の持つイメージを利用して、赤は「元気さ」や「活力」を、青は「沈着冷静」で「理論的」な印象を与えるためです。

見ていると、赤いネクタイの候補者が攻撃的で、青い候補は受け手に回っている傾向があることに気づくと思います。

そして次の討論会では、赤と青が入れ替わっていることもめずらしくありません。

大富豪もパーティーなどでは、その場に合わせて服装を替えることがあります。

さすがにスーツを替えるのは難しいので、ネクタイを何本か用意していき、全体的に赤いネクタイが多いと思ったら、落ち着いた雰囲気の青系を選ぶなど、集まっている顔ぶれや雰囲気を見て替えるのです。

私も、そんな大富豪の方たちにならって最初の7秒をとても大切にしています。

初めてのごあいさつのときは、赤系のネクタイで快活さを演出し、価格やサービス内容を詰めるなど交渉ごとのときは青系のネクタイで理知的に見せようといった具合です。

もちろんそれ以外にも、あいさつの仕方や笑顔、声の出し方など、注意すべき点はじつにたくさんあります。

初対面の方とお会いするときは、事前にシミュレーションを繰り返すなどして、心の準備を整えてうかがうのですが、困ったことに不意打ちをされてしまうこともあります。

たとえば門の前で来訪を待っていられたり、後ろから「待たせたね」などといわれたりするのです。

そうするとタイミングを逃して、せっかくの7秒の準備が台無しになってしまいます。

不意打ちされないよう気をつけることはもちろんですが、万が一そのような状況になっても慌てず対応できるようにしたいものです。

無難な方法とインパクトのある方法を使い分けるのも大切です

メールや電話で連絡を取ることは多いと思いますが、ときにはインパクトのある方法を取り入れてみるのも、相手の印象に残るためには効果的です。

大富豪は、そんな方法をいくつもご存知です。

一つは、その日のうちに礼状を送るという方法です。

たとえば午前中や午後の早い時間帯にお会いした方には、その日のうちにお礼の電報を打つ。メールを送るのは簡単ですが、電報となるとかなりのインパクトです。

手紙を桐《きり》の箱に入れてお送りするというのも、よく使う方法です。

和紙に筆でお礼をしたため、先方にお送りする。

これなどはメールや電報よりさらに一段丁寧な印象を与えられるので、私も見習ってたびたび実践しています。

筆書きに自信がなければ、専門に書いてくれる筆耕《ひっこう》に出せばいいでしょう。

お礼状を書く際に大切なのは、「コピー&ペースト」したような言葉は使わないということです。

同じ内容を使いまわしていると思われては逆効果ですから、必ずその方と話した内容に触れ、参考になったことや共感したことなどを盛り込みます。

契約が成立したかどうかに関係なく、あくまでも会う時間をつくってくれたこと、いいお話をうかがえことに対する、純粋なお礼の気持ちを伝えることが重要です。

もう一つ大切なのは、返信を必要としない内容であること。

相手に負担となるようなお礼はかえって迷惑ですから、返信が必要な用件は盛り込まず、純粋な謝辞だけ伝えましょう。

大富豪の場合、お礼状をお届けするのに使者を立てることもあります。

私も何度か使者になったことがあります。

お礼状を届けるだけでなく、たまたま名刺を忘れてお渡しできなかったので名刺一枚だけをわざわざお届けしたこともあれば、その日の会話で盛り上がった老舗のお菓子屋さんの手土産をお渡ししたこともあります。

もちろん、大富豪本人が出向くこともあります。

ついさっき会っていた本人が名刺一枚持って現れるのですから、相手の方もたいそう驚き、かつ感動されます。

ビジネスにも応用できる方法でございます

ビジネスパーソンも、たとえば名刺を切らしてしまったとき、その日のうちに名刺を持参したり、部下を使者に見立ててお届けしたりしてはいかがでしょうか。

話題にあがった本を買い求め、バイク便で送ってもいいかもしれません。

そこに「さきほどお話しした本です」と手書きで一筆添えれば、それだけで誠実できちんとした人という印象を与えることができるでしょう。

お礼状にせよお届け物にせよ、ポイントは、「その日のうちに」ということに尽きます。夕方にお会いした場合にはその日のうちは無理ですが、遅くとも翌日の午前中には届くよう手配します。

1〜2日のうちに、もう一度自分のことを思い出してもらえるので、それだけ強く記憶に残ります。とはいえ毎回電報や桐箱入りの手紙を送っていたら驚きは薄れてしまいます。

この方法が使えるのは、せいぜい2〜3回までです。ここぞというところで使いたいものです。

次に会う理由をつくる3つの方法がございます

相手におもてなししようと思っても、一回会っただけで貢献できるチャンスが巡ってくるものではありません。会う回数が多いほど、チャンスが訪れる可能性は高くなります。

それではどうすれば一回きりではなく、何度も会えるのでしょうか。

3つの方法を実践いたしましょう

私は、大富豪にならって次の3つのテクニックを使い分けています。

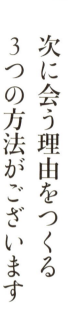

①　話を途中で切り上げる

誰かに会うとき、とくに相手が大富豪のように多忙な方となると、一度の面会でしっかり時間を取って、じっくり話したほうがいいように思いがちですが、じつは短時間で切り上げたほうが効果はあるのです。

私の会社では、お客さまに対して毎月、執事サービスの定例報告をしています。担当している執事ではなく、代表である私自身が直接うかがって、サービス内容についてご意見やご希望をおうかがいするのですが、そのための時間は基本的に15分しかいただきません。分刻みでスケジュールを入れているような方でも、時間の管理は普通30分、もしくは一時間が単位でしょう。

そうすると30分の時間をいただいた場合、5分オーバーしただけで次の予定に影響が出てしまいますが、最初から15分の約束なら、5分オーバーしても20分です。次の予定にはほぼ影響ありません。

もちろん月例の報告ですから、そのくらいの時間でも事足りるということはいえます。

しかし逆に何かのきっかけで話が盛り上がると、やはり15分はあっという間に過ぎてしまいます。そんなときは時間をオーバーするのではなく、「この続きは明日いかがでしょう」と、その場でアポイントをいただくのです。

翌日でなくてもかまいません。相手の都合のいい、直近のお約束をいただくのがポイントです。どんなに多忙な大富豪でも、「明日はわからないけれど明後日ならここが空いているよ」と、たいてい快くお時間をくださいます。

たしかに商談などは短時間で終わらせることは難しいでしょうが、たとえばパーティーのような場面なら、「続きは別の場で、もうちょっとお話ししませんか」というだけで、会う機会を増やすことができます。

② 宿題をもらう

その場ではわからないことを、「確認して、次回資料をそろえて参ります」と、宿題として引き受けます。もちろん、本当にわからないことだけでなく、わかっているのに、あえてわからないふりをすることもあります。

しかし次回の約束をもらって、きちんとした資料持参でうかがえば、やはり印象はよくなりますし、うろ覚えの知識で間違ったことを伝えてしまうリスクもなくなります。

③　何かにお誘いする、もしくは何かをお願いする

パーティーや勉強会への参加を促すのもいいですが、相手の趣味に合わせてゴルフや観劇などにお誘いするのもいいでしょう。あるいは、「さきほどのお話をもう少し詳しく教えていただけませんか」とお願いするのも一つです。

大富豪だけでなく、社会的に上の立場にある方は、誰かに何かを教えたり、誰かの役にたったりすることがお好きな方が多いので、きっと喜んで時間をつくってくださるはずです。また、その教えから本当に役立つ知識や情報を得ることができれば、まさに一挙両得といえるでしょう。私ども執事も、このような3つの方法で、お客さまに会う回数を増やすことを日頃から心がけています。

実際にお会いすることに勝る方法はございません

人脈づくりのために効果的なメールや手紙の送り方はいろいろとありますが、やはり実際に会うこと以上に強力なことはありません。

大富豪はよく「ブレックファーストミーティング」といって、打ち合わせを兼ねた朝食会をなさいます。お互い忙しい者同士、確実に都合が一致するのが朝食の時間帯くらいという事情もありますが、驚くのはそのためだけに海外まで行くのをいとわないことです。ときには13時間かけてニューヨークまで飛ぶこともあります。

「それだけのために?」と驚きますが、来てもらった相手にすれば、わざわざ会いに来て

郵便はがき

162-0816

恐れ入ります
切手を
お貼りください

東京都新宿区白銀町1番13号

きずな出版 編集部 行

フリガナ

お名前　　　　男性／女性
未婚／既婚

(〒　　-　　)
ご住所

ご職業

年齢　10代　20代　30代　40代　50代　60代　70代〜

E-mail

※きずな出版からのお知らせをご希望の方は是非ご記入ください。

愛読者カード

ご購読ありがとうございます。今後の出版企画の参考とさせていただきますので、アンケートにご協力をお願いいたします。

[1] ご購入いただいた本のタイトル

[2] この本をどこでお知りになりましたか？
1. 書店の店頭　2. 紹介記事（媒体名：　）
3. 広告（新聞／雑誌／インターネット：媒体名　）
4. 友人・知人からの勧め　5.その他（　）

[3] どちらの書店でお買い求めいただきましたか？

[4] ご購入いただいた動機をお聞かせください。
1. 著者が好きだから　2. タイトルに惹かれたから
3. 装丁がよかったから　4. 興味のある内容だから
5. 友人・知人に勧められたから
6. 広告を見て気になったから
（新聞／雑誌／インターネット：媒体名　）

[5] 最近、読んでおもしろかった本をお聞かせください。

[6] 今後、読んでみたい本の著者やテーマがあればお聞かせください。

[7] 本書をお読みになったご意見、ご感想をお聞かせください。
（お寄せいただいたご感想は、新聞広告や紹介記事等で使わせていただく場合がございます）

ご協力ありがとうございました。

きずな出版　URL http://www.kizuna-pub.jp　E-mail 39@kizuna-pub.jp

くれたのだと深く感動するでしょう。その感動が人との結びつきを強固にするということを、大富豪はよくご存じなのです。

打ち合わせのためにシンガポールまでうかがいます

私自身、地方のお客さまに執事サービスを説明するために現地までおもむくことがよくあります。もちろん相手が仕事で東京に来たときに会うほうが、気楽ですし手間もかかりません。しかし時間とお金をかけてでも先方にうかがうほうが、一度の面会であっても契約につながる確率が高くなるのです。

実際に私も、打ち合わせのためにシンガポールまで行ったことがあります。

東京にお住まいのお客さまなのですが、しばらくの間、仕事の都合でシンガポールに行っているとのことでしたので、「それではそちらで打ち合わせましょう」と、現地に飛びました。その方は、私がたまたま仕事か何かでシンガポールに来ていて、そのついでの打ち合わせだと思っていたので、「今朝、打ち合わせのためだけに来ました」というと、たいそう驚いていました。

そのときは、「わざわざ悪かったね」と即座に仕事をいただくことができました。

また、私どものお客さまの一人に、熊本の企業オーナーの方がいらっしゃいます。その方なども、「月の半分は仕事で東京にいるから、東京で会おうよ」といってくださいますが、やはりここぞというときには熊本に行くようにしています。

遠路はるばる来てくれた相手に対して、人は「せっかく来てくれたのだから、何かお土産を持ち帰ってほしい」と思うものです。

契約という成果に直結しなくても、「せっかくだからお食事でもして行きませんか」という流れになることが少なくありません。そうなればより濃密な時間を過ごすことができ、相手との関係もいっそう深まるでしょう。時間やお金は多少かかっても、それ以上に得られるものが大きいのです。

これを仕事にうまく活かしている方もいます。

たまたま長崎で知り合った、ある会社の九州支社にお勤めの方なのですが、名刺を見ると住所が東京になっています。わざわざ東京から出張しているのかと思ったら、九州に住んではいるが、あえて本社のある東京の住所にしているとのこと。そのほうが「わざわざ東京から来てくれているんだ」ということで、営業先にも受けがいいのだと明かしてくれました。

もちろん、取引するなら地元の会社を優先するという大企業もあると聞きますから、日本中どこでも通用するとは限りませんが、なかなかうまいアイデアだと感心したものです。

大切なのは、「その人に会うためにわざわざ」という点です。

私たちはよく、相手の負担にならないようにという気遣いから、「ちょうどそちらに行く用事があるので」といってしまいがちですが、それはいけません。

「ついでに」というのはじつは失礼な言葉です。気の置けない友達にいうのはかまいませんが、目上の人やこれから関係を築きたい相手には、あくまでも「あなたに会いたいから行かせてください」と率直に伝えるべきです。

その結果、「いや、やはり東京で」といわれたとしても、それはそれでかまいません。重要なのは、「私はあなたに会うためならどこでも行きます」という姿勢を伝えることです。

「今度、食事でも」は具体的に日程を決めましょう

「今度、一緒に食事でもいかがですか」

誰かにこういわれても、結局実現しないまま流れてしまうことはよくあります。ほとんどの人は、一種の儀礼的な慣用句として軽く口にしているからです。

しかし、結局実現しないのであれば、最初からいわないほうがいいでしょう。しょっちゅう口にしていると「あの人はいつも口だけだから」と思われて、信用さえ失いかねません。

もちろん「たまには一緒に食事でもしてコミュニケーションを深めたい」という気持ちに嘘はないでしょう。でも本当にそう思うなら、次からはこういってみてはいかがでしょ

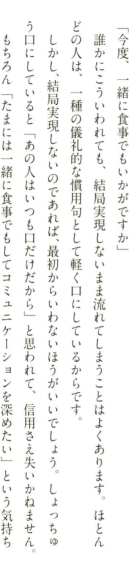

う。

「このあと、一緒に食事でもいかがですか」

これは大富豪を真似て、私もいうようになった言葉です。

いつのことかわからない「今度」というあいまいな言葉を、「このあと」とするだけで、具体的なお誘いになります。仮にその日は都合が悪くても、「では来週はいかがでしょう」などと、次のアポイントにつなげることができます。

ここぞというときに、食事のタイミングに合わせてアポイントを入れる大富豪は少なくありません。夕方4～5時からのアポイントなら「このあと食事でも」と誘いやすいですし、相手もその後、食事に流れるかもしれないという心の準備ができるでしょう。

大富豪は、自分のスケジュールは自分でコントロールなさいます

大富豪というと、スケジュールは秘書任せで自分では把握していないと思われがちですが、そんなことはありません。こまかな内容まではともかく、大富豪は自分のスケジュー

ルを自分でコントロールすることを基本としています。

むしろ「今度」「そのうち」「落ち着いたら」ではなく、「いますぐやるか」「いまがダメならいつやるか」と常に具体的に決め、実行してきたから大富豪として成功を収めることができたのです。

「いつなら食事に行けますか」と聞かれて、自分で日程を決められないような大富豪はいません。もし「今度食事でも行きませんか」と大富豪がいったとしたら、それは社交辞令ではなく、「いつなら行けますか」という意味です。

さらにいうなら、「いつか」「今度」ばかりで具体的に決められないような人とは、縁を切ってしまうケースすらあるのです。

そんな大富豪のお客さまたちと接するうちに、いままでは私も「そのうち」「今度」はいわないようになりました。一緒に食事でもしながらゆっくり会話したい方とは、「いつか」ではなく、その場で具体的にお約束するようにしています。

相手に金銭的な負担はさせてはいけません

大富豪は人にご馳走することが大好きです。

別に食事で買収しようというわけではありません。食事をともにし、同じ時間を過ごすことで、人と人との距離が縮まることをご存知の方が多いのです。

けれども、もしもあなたが大富豪に食事に誘われたら、いかがでしょうか。どんな高級店に行くのだろう、どんな服を着ていけばいいのか、本来は自分が接待すべき立場なのだから支払いは自分がすべきだろうかと、あれこれ思い悩むのではないでしょうか。

そんな相手の心中を慮《おもんぱか》ってか、大富豪はご自宅に人を招くのを好みます。

自宅にシェフを呼んでプロの料理でもてなすこともありますが、奥さまの手料理や、ときにはご自分で腕を振るう場合もあります。いずれにせよ、慣れない高級店よりも招かれた側の心理的なハードルは低くなります。支払いのことで思い悩む必要もありません。これは相手に金銭的負担をさせないための、大富豪なりの気遣いなのです。

会社のほかに飲食店を経営している大富豪は多いのですが、これも自宅に招くのと同じ理由といえるでしょう。「私の店にいらしてください」といわれれば、こちらとしても断る理由はありません。

大富豪としても、自分の店であれば相手に支払わせずにすみますし、時間や料理の内容などの融通も利きます。つまり、儲けるためというより、接待施設の一つとして飲食店を経営していることが多いようです。

お手土産には話題のきっかけになるものをお渡ししましょう

もし大富豪の自宅に招かれた場合は、やはり何か手土産をお持ちしたいものです。

相手の方がお好きなワインでも持参するのが理想ではありますが、好みがわからないこともあれば、高価すぎてお土産には適切でないこともあるでしょう。

そんなときは、高価でなくてもいいけれど、何かしら話題のきっかけになるようなものを選ぶことをおすすめします。相手に何かゆかりのあるものだと、とくにいいでしょう。

私も以前、あるお客さまのところに行くとき、お客さまの会社の製品と同じ名前のワインを見つけて持参したことがあります。一本3000円程度と、決して高級ワインではなかったのですが、「こんなワインを見つけたので」とお渡ししたところ、たいそう喜んでくださり、会話も弾んだものです。

そんなに都合よくいかないときは、以前の会話に出てきたお店のお菓子などを覚えておいて、「先日話題に出たので」とお持ちしても喜ばれるかもしれません。

また、接待などでこちらが相手をお招きする場合は、できるだけ相手の方のお好みに合わせて、相手の方が訪れやすい場所にあるお店にします。

その際に気をつけたいのは、やはり支払っているところを見せないということでしょう。お店の人に頼んで最初に支払っておくなり、相手が席を立った隙に勘定をしてもらうなりの配慮をしましょう。

そう考えると、初めて行くお店よりも、ある程度勝手がわかるなじみの店のほうが接待しやすいかもしれません。いずれにしろ相手に負担をかけないための心配りは必要です。

もちろん、なかには、どうしても自分で支払おうとする方もいらっしゃいます。そんなとき、私は「いえいえ、経費で落とせるので大丈夫です」といいます。本当は自腹だったとしても、その一言でたいていは納得していただけます。

誰かと食事をする際は、最初に誘ったほうが支払うのがスマートだと思います。

レジの前で誰が払うか、もめているような姿はいただけません。しかしこちらがすべて支払ってしまうと、相手も心苦しく思うこともあるでしょう。

ならばお店を出てからこういってみてはいかがでしょうか。「次回、行きつけのお店に連れて行ってください」、あるいは「このあと、コーヒーをご馳走してくださいませんか」。それだけのことで、相手の心理的負担をぐっと軽くすることができるのです。

同じ体験を共有します

私は執事の会社を立ち上げる前、ある外資系の会社に勤めていました。そこは、成果を上げれば新人でも高い報酬をもらえるかわりに、成果が出ないと3ヵ月で解雇されるという非常に競争の厳しい会社で、社内は常に緊張感が張りつめていました。

ところが不思議なことに、辞めて何年も経つにもかかわらず、そのころの同僚たちとはいまでも強い絆で結ばれています。

誰かが就職で困っていると聞けば仕事を紹介し、何か頼まれるとつい引き受けてしまう。私だけではありません。全員があのつらい時期を一緒に過ごした仲間のために、何かしたいと思っています。いわば、戦友のような存在です。

同じことは学生時代の部活にもいえるでしょう。

それものんびりした楽な部活ではなく、厳しい監督がいて、怖い先輩がいて、理不尽とも思えるようなつらい練習が続くような、いわゆる体育会系の部活ほど、卒業後も強いつながりが続きます。

大富豪が船旅を好むのには理由がございます

同じ体験を共有すると、親近感がわき、関係が深まります。

それも「つらい」「怖い」といった厳しい体験ほど効果は大きいのです。

そこで大富豪がよく活用するのが、クルーザーでのおもてなしです。

海の上ほど不安定な場所はありません。穏やかな天候の日でも、外洋に出れば波が高く、予想以上に揺れることもあります。慣れない人は恐怖を感じます。でもそんなときに「大丈夫、操舵《そうだ》には慣れていますから」といわれればとても心強く、相手を頼もしいと感じるでしょう。船の上ならプライバシーが守られるという安心感もありますが、それ以上に、狭い空間で一緒に怖い経験をした仲間として、心理的な距離を一気に縮めることができます。

心理学では、ジェットコースターやホラー映画で一緒に怖い体験をすると、相手に恋愛感情を抱きやすい「吊り橋効果」というのが有名ですが、それと同じようなことがクルーザーの上でも起きるのです。クルーザーというと、財力を誇示するための贅沢品というイメージですが、大富豪にとっては、このようなメリットを得るための実用的な道具でもあるのです。

同じことは船旅にもいえます。

船という閉ざされた空間で、エーゲ海やフィヨルドといった美しい景色を眺めて感動するという、共通の体験も得られます。しかもクルーズの場合、部屋のクラスは違っても、船の上で提供されるエンターテインメントやサービスは基本的に無料ですから、持っている資産に関係なく一緒に楽しむことができます。数日間のクルーズで意気投合した相手と一緒に事業を立ち上げたという話もめずらしくありません。

また、私の会社の執事も船旅に同行することがあるのですが、見ていると、必ずお客さまとの関係が近くなって帰ってくるのです。

大富豪の方たちがクルーズ旅を好まれるのも、この効果をご存じだからでしょう。

大富豪は、子弟教育においてもこのことを利用しています。

お金持ちの子どもが通う学校というと、日本では慶応義塾幼稚舎や学習院初等科などが思い浮かびますが、海外の名門寄宿学校に通わせる方も少なくありません。

ある大富豪は、子どもをスイスの寄宿学校に入れていました。そこは朝の起床からあいさつの仕方、勉学にいたるまで、すべてにおいて軍隊のように厳しい規律があることで有名な学校です。しかも世界中の上流社会の子が在籍し、意識の高い優秀な教師が多いことでも知られていました。しかしそれ以上に有名だったのは、卒業生の結束が極めて固いということです。上流階級の子弟や優秀な指導者と知り合うだけでなく、そこで得た人脈が一生にわたって役立つ財産になるのです。

もちろん、自由な環境で育まれる才能もあると思いますが、厳しい環境ほど強い絆が生まれやすいということだけは間違いありません。

肩書きで呼んではいけません

相手のことを「○○社長」「△△部長」などと、肩書きをつけて呼ぶ人がいます。

ビジネスマナーとして間違いではないのですが、私はお客さまである大富豪に対しても、できるだけ肩書きをつけず「○○さん」と呼ぶよう心がけています。

というのも、肩書きをつけると人は序列で考えてしまうからです。

私自身、会社を経営する立場なので、「新井社長」と呼ばれることがあります。

しかしそう呼ばれた途端に、ポジションによる関係性が固定され、序列という見えない壁が生まれてしまいます。

その先に深い人間関係を築くことは、難しくなるといわざるを得ません。

なかには、肩書きで呼ばれることを好まれる方もいます。

そんなときはお客さまの要望に従いますが、それでもどこかのタイミングで、この見えない壁を取り除きたいという思いがあります。

営業の方であれば、取引先の社長や重役を「○○さん」と呼ぶのは、たしかに勇気がいるでしょう。しかし考えてみると、自分の本当の人脈だと思っている人に対して、「○○社長」とは呼ばないはずです。公的な場などで必要に迫られて肩書きで呼ぶことはあっても、普段は「○○さん」と呼んでいるはずです。逆に、「○○社長」「○○様」としか呼べない相手を、仲間とはいえないでしょう。

マンガや小説の影響もあって、執事はお客さまに対し「ご主人さま」と呼んでいるように思われがちですが、そのようなことはまずありません。

お客さまの名前が「鈴木一郎」なら「鈴木さま」あるいは「鈴木さん」ですし、その奥さまは「奥さん」、もっとフランクに「エミコさん」などと、下の名前でお呼びすることさえあります。

「俺のことはミスターＤと呼べ」とおっしゃる大富豪

海外の大富豪はファーストネームやニックネームで呼ばれることを好みます。

ある大富豪は、初対面から「俺のことはミスターＤと呼べ。お前のことはナオと呼ぶが、それでいいか」といわれました。外国人にはナオユキという発音が難しいという理由もありますが、日頃から「ミスターＤ、これでどうですか」、「オーケーだ、ナオ」というやり取りを重ねるほうが、親しみがわき、心の距離が近くなります。

また、取引先で、私が「宮ちゃん」とお呼びしている方もいます。

本名はミヤとはまったく関係ないのですが、どことなく昔のお公家様のような高貴なお顔立ちをしているからです。最初は苗字で「○○さん」とお呼びしていたのですが、だんだん親しくなって下の名前でお呼びするようになり、いまでは「宮ちゃん」というニックネームで呼ぶようになりました。

呼び方を変えるたびに、心の壁を一つ乗り越えたような気がしたものです。

最初から相手をファーストネームやニックネームで呼び、それが許されるキャラクターの持ち主もいますが、普通の人にとってはなかなかハードルが高そうです。日本人にはファーストネームという概念がないこともあり、無難なところでつい名刺の肩書に頼ってしまうのでしょう。けれど勇気を出して初めから「○○さん」と呼ぶようにすると、肩書きを超えた関係を築くことができます。

もしも迷ったら、相手の会社の雰囲気やルールを参考にすることです。最近は「うちの会社はみんな○○さんと呼び合っています」というところも少なくありません。また、送られてきたメールを見て、文頭には「○○様」とあっても、本文中では「○○さん」と書いて来るような人なら「○○さん」で大丈夫と思っていいでしょう。

肩書きをつけないことを習慣にすると、役に立つ場面がもう一つあります。たとえばあなたの同僚や後輩が、あなたを飛び越えて上司になったら、何と呼びますか。それまでに同僚もしくは先輩として、それなりに面倒を見てきた相手なら、会社での立ち位置は変わっても「○○さん」、場合によっては呼び捨てできる間柄として、新しい関係を築くことができるでしょう。しかし新しい肩書きで呼んでしまったら、それまでの関係性はなかったことになり、新しい序列を前提とした関係を築くしかありません。

ファーストネームやニックネームで呼ばれたがる海外の大富豪のことを書きましたが、本当は日本の社会全体が、肩書きではなく名前やニックネームで呼び合うようになれば一番いいのかもしれません。

その点、男性よりも女性の方が、このハードルを越えるのが上手だと感じます。というのも、私のことを、新井のアラを取って「アラン」と呼ぶ女性のお客さまがいます。ただし、さすがに最初からそう呼ぶのは気が引けたのか、最初のころは「アランさん」でした。いつのまにか「さん」が取れて、いまでは「アラン」、ときには「アランちゃん」。私のほうも、初めはどこのイタリア人の名前かと、ずいぶん抵抗があったのですが、いつのまにか慣れ、いまではその人にアランと呼ばれるのが当たり前と思うようになっているから不思議です。

上司をニックネームで呼ぶのに抵抗があるなら、その女性のように、まずは「さん」をつけてみてはどうでしょう。最初は戸惑うでしょうが、部下からの親愛の情の表れと思えば、受け入れてくれるのではないでしょうか。呼び方一つで職場の人間関係もよくなるでしょう。

第5章

信頼される「おもてなし」には極意がございます

第5章は大富豪のおもてなし人脈術の極意を披露します。

さすがに人脈を築く達人が繰り出す方法はどれも巧みで、執事の私も驚かされることばかりです。

なかには一般の方々が応用できないような奇抜なものがあるかもしれませんが、大富豪はそれだけ人脈づくりに精を出していて、それこそが人生の成功のカギを握っていることをご存じなのです。

無料でも価値の高い贈り物がございます

ときには相手に喜んでもらえる贈り物をするのも、おもてなし人脈術の一つの方法です。

私も、取引先とお会いするときに手土産を持参したり、遠方のお客さまにプレゼントを送ったりすることがしばしばあります。

大富豪相手の贈り物など、どれだけお金がかかるのかと心配されそうですが、じつはそれほど値の張るものを選んでいるわけではありません。むしろ、値段を明かすと驚かれるほど、安価なものであるケースが多いのです。

たとえば東京土産として人気のおまんじゅうがあります。ヨーロッパに住む私のお客さまは、来日時にこのおまんじゅうを知り、すっかりお気に召されました。チョコレートコーティングされた生地のなかに、ほどよい甘みと独特の食感を楽しめるゴマ風味のあんがたっぷり入っていて、それまでに味わったことのないスイーツだったようです。

もちろん生菓子なので、買い溜めはできませんから、頼まれもしないのに、私から定期的にこのおまんじゅうを送ることにしました。12個の詰め合わせで1000円程度と決して高価なものではありませんし、東京駅の売店に足を運べば、いつでも簡単に手に入るようなメジャーな商品ですが、やはり外国の方にとってはめずらしいもの。お送りするたびに、たいそう喜んでくださいます。

そんなおつき合いが続いているおかげか、いまではご本人からお仕事をいただくだけでなく、お客さまを紹介してもらうこともあります。「俺の知り合いが今度日本に行くから、お前が世話をしてやってくれよ」と声をかけてくださるのです。

また、地方のお客さまへの手土産として、私はよく東京名物のどら焼きをお持ちします。一つ100円程度のどら焼きですが、各種メディアにも取り上げられ、とても人気の高い和菓子です。お店の前には連日行列ができ、通信販売はしていません。なかなか手に入れることができないので、とくに地方の方にはとても好評です。

とはいえ私も、それほど苦労して入手しているわけではありません。たまたまそのお店が自宅の近くにあるので、比較的空いている時間帯を狙って買いに行くだけです。

自分にとっては身近なものでも、相手にとって希少性の高いものであれば、きっと喜んで受け取ってくれるはずです。

「情報」の価値の高さを知りましょう

贈り物の価値は、値段で決まるものではありません。

もっといえば、無料で手に入れたものでも、価値の高い贈り物になり得ます。

その代表例が、「情報」です。

大富豪に喜ばれる情報として、新しいサービスの話題があります。といっても、自分の会社のサービスを宣伝するわけではありません。相手の役に立ちそうなフレッシュな話題を提供することがポイントです。

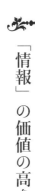

先日、大富豪宅に出入りしているクリーニング店の方から、富裕層向けの洗濯サービスというビジネスを教えてもらいました。クリーニング店のように洗濯物を預かるのではなく、自宅に来て洗濯をしてくれるのだそうです。

このサービスは、家事全般を担うメイドとはまた違って、あくまでも洗濯に特化したプロの技を提供するというもの。汚れに応じて洗剤を使い分け、小さなアイロンで隅々までしわなく仕上げてくれます。つまり、下着などクリーニングに出すのは少しはばかられるようなものも、きれいにしてくれるということです。

私も初めて耳にした新しいサービスなので、大富豪のお客さまに「ご存じでしたか?」とお話ししたところ、「そんなサービスがあるなんて知らなかったよ」と面白がって聞き入っておられました。

また、人事の話題も有効です。

富裕層向けのマーケットは比較的狭い世界で、顔なじみも多いもの。

不動産会社で高級タワーマンションの営業をしていた人が投資不動産の担当になった、ある保険会社で富裕層向けの商品を担当していたマネジャーが別の保険会社に引き抜かれたなど、業界内の人事情報も大富豪の関心をひくようです。

このほか、資産管理会社に関する情報も価値が高いようです。節税のために資産管理会社をつくる大富豪は少なくありませんが、オフィスをどこに置いたらいいのか、誰を役員にすべきかなど、基本的な設立や運用のノウハウはあまり知られていません。もちろん私には専門的な税務のアドバイスまではできませんが、ほかの大富豪の事例をいくつかご紹介するだけでも、感謝されることが多いのです。

これらはいずれも、いわば業界内の井戸端会議から、ただ同然で入手したささやかな情報です。トップシークレットでもなければ、高度に専門的な知識でもなく、私が日々の仕事のなかで見聞きしたものに過ぎません。そんなささいな情報が、相手にとっては価値のある土産になることもあるのです。

そう考えると、新しい情報に接するときに「自分の役に立つか」で判断しないほうがよさそうです。自分目線ではなく、「自分の周りのいる誰かの役に立つか」という視点で見つめ直してみると、貴重な土産話がたくさんストックできるのではないでしょうか。

仕事を積極的に紹介いたします

仕事というのは、人生の重要な要素の一つです。

だからこそ、いい仕事や就職先を紹介するのは、とても感謝されるものです。

大富豪のお客さまにはビジネスオーナーも多いので、私は仕事柄、「こういう人を探してるんだけど、知り合いで誰かいないか」と尋ねられることがよくあります。そんなときは快く紹介することにしています。

実際、いまは会社員としてがんばってはいるけれど、ひそかに転職したいと思っている人もいます。これはと思う人と連絡を取って、「こんな話があるのですが、とりあえず会ってみてはどうですか」と声をかけてみます。その結果うまくいくと、とても感謝されます。もちろん、就職とは個人と企業のお見合いのようなものですから、うまくいかないこともあります。

それでも多くの場合、結果にかかわらず「ありがとう」といってもらえます。応募者の方からは新しい仕事やキャリアアップのチャンスを、経営者の方からは採用コストをかけずに脈ある人材を紹介してもらったことを感謝してもらえるのです。

私にすれば、お金もかけずに両方から感謝してもらえるのですから、最高の貢献です。

大富豪が自分や知り合いの子息を自分の会社、あるいは取引き先や知り合いの会社に入社させるというのも、一種の紹介といえるでしょう。いわゆる「コネ入社」です。

コネ入社に関しては批判的な見方もありますが、受け入れる会社や経営者からするとそれなりに効果的です。その社員を通じて有力者から感謝されるからです。

キーパーソンとの共通の会話ができ、つながりが生まれれば、人脈を広げるうえでも非常に効果的です。

仕事の紹介にはもう一種類あります。

いわゆるお友達仕事、半分ボランティアのような依頼です。

たとえば私の場合は、「イベントでスタッフが足りないので、手伝ってもらえないか」と頼まれることがあります。「企業のお客さん向けに講演してもらえないか」という依頼もありました。

いずれも報酬はゼロ、もしくはほとんど期待できない案件でしたが、ボランティアのつもりでお受けしました。

「一日は無理ですが半日なら手伝えますよ」、「その日時なら都合がつくので無料で構いませんよ」など、自分の負担にならない範囲でできることも多いものです。

お金がからまない仕事を受けるというのは、人脈をつくるうえでかなり有効です。

お金を取る仕事はビジネスになってしまいますが、無償でお手伝いすると友達になれるからです。たとえば、知り合いにお金を払って引っ越しを手伝ってもらうのであれば、業者に頼むのとたいして変わりません。

でも、お金を払わなくても手伝ってくれるのは友達、すなわち人脈です。

私に「お金は払えないけど」と頼んできた人たちも、さすがに少し申し訳ないと思うのでしょう。必ずといっていいくらい、あとから誰かを紹介してくれたり、次の仕事につながる情報を提供してくれたりしました。

とくに会社を立ち上げたばかりのころは、そんなふうに紹介していただいたお客さまも少なくありません。お友達仕事を無償で受けるというのは、損なようでいて、結果的に得になることが多いのです。

ボランティア活動が、人脈につながることもあります

公言している方はあまりいませんが、ボランティア活動をしていらっしゃる大富豪は少なくありません。

養護施設で暮らす子どもたちに毎年クリスマスプレゼントを贈っている方や、福祉施設に食品を送る非営利団体を運営されている方もいます。東日本大震災のときには、自ら泥かきに行ったり、仲間を募って炊き出しに行ったりした方もいました。

始めたきっかけはさまざまですが、共通しているのは、漠然と「自分がいまこうして豊かなのは、運がよかったから。だからいろいろな事情で運悪く、支援を必要としている人のために何かしたい」と思っていることです。

そして、活動すること自体が自分の幸福につながっていると感じています。

もしも、いままでとは違う方々と知り合いになりたいと思ったら、福祉施設や教育施設でのボランティア活動に参加してみるといいかもしれません。

そればかりか、ボランティアという究極のおもてなしがもたらしてくれる、最高の幸福を味わうこともできるでしょう。

ペットをお譲りしてしまいます

大富豪は、人とのつながりをより強固にするためにも縁戚関係を大事になさいます。

有力者の子ども同士が結婚すると、一気に人脈が2倍に広がります。

とはいえ、それは普通の人が簡単に真似できることではありません。ところが子ども同士の結婚と同じくらい、効果的に関係を結ぶ方法があります。

それがペットです。

私の家にはいま一匹の犬がいます。おつき合いのあった大富豪がかわいがっているチワワに子犬が産まれ、たまたま私がいただくことになったのですが、以来その方から、しょっちゅう私に電話がかかってくるようになりました。

「どうだ、元気か。たまには顔を見せろよ」

もちろん私の顔が見たいわけではありません、子犬を連れて来いという意味です。

ほかにも大富豪の家で産まれた子猫や、何かの事情で飼えなくなった犬を引き取っている執事は何人かいます。面白いことに、ペットを介した関係というのは、親戚に近い関係になることが多いのです。

ペットをお譲りすることは、縁談と一緒なのです

大富豪にとって、かわいがっているペットの子どもは孫も同然です。

人間同士の結婚だと、やれケンカだ、離婚だといったトラブルになる可能性もありますが、ペットにはそういう問題はありません。

人間の孫と同等、ことによるとそれ以上に純粋に愛情を注げる存在ですから、そのペットを飼っているだけで、親戚以上に親しい関係になれるのです。

それに、やはり飼い始めると情が湧きます。じつは私はそれほど犬好きではなかったのですが、いまではすっかり愛犬家になってしまいました。

とくに用事がなくても、たまにその大富豪の家に連れて行きます。

ペットがいるだけで話題は尽きず、あっという間に1~2時間が過ぎてしまいます。

こうしたペットによる人脈づくりを積極的に活用なさっている大富豪もいます。

その方は大変な愛犬家で、その延長でブリーダーのようなこともなさっていて、子犬が産まれるとビジネスパートナーや知り合いなどに無償でお譲りするのです。

もちろん、もとが大の犬好きですから、責任を持って世話してくれる相手かどうか、きちんと見極めた上で渡しています。これと思った相手だからこそ、かわいい子犬や子猫を譲りたいと思うのでしょう。

あなたが、もしつき合いを深めたい相手から「子犬や子猫をもらってくれないか」と持ちかけられたら、責任を持って最期まで飼い続ける自信があるのなら、迷わず引き受けることをおすすめします。かわいい〝孫〟を育ててくれてありがとうと感謝されるだけでなく、強力な関係を築く絶好のチャンスに相違ないからです。

手づくり料理でおもてなしいたします

大富豪は、相手を自宅に招いて食事を振る舞うことがお好きです。そのほうが、相手との関係を築きやすいのです。

なじみの店なら、ある程度お客さまの好みを聞いて、メニューを選ぶこともできるでしょう。しかし自分が経営する店であっても、インテリアや絵画など、店内の装飾まで手を入れることはできません。そのお客さまのために絵や置物を替えたり、入り口でお香を焚《た》いてお出迎えしたり、こまやかな心配りを徹底できるのは、自宅だからできることです。

また、自宅にプロのシェフを呼んで料理をつくらせるのではなく、自分で料理してもてなす大富豪もいます。大富豪がつくる手料理となれば、選び抜いた素材を使った自慢の一品かというと、そうとも限りません。

ある大富豪は、社員が家に来ると、夕べの残り物のようなごく普通のお総菜を自らつくって振る舞います。社員にしてみれば、雲の上のような存在の社長に手料理をごちそうになったということで、大いに感動します。

また、数百人が働く大病院を経営している方の奥さまは、事務方の仕事が忙しくて残業になるときなどに、「皆で食べてね」と、手づくりのおにぎりを差し入れるのだそうです。

お総菜もおにぎりも、庶民的な料理ですが、振る舞われるほうからすれば、「自分たちのためにわざわざ」と思い、恐縮あるいは感動するとともに、大きな恩義を感じることでしょう。お金ではなく手をかけるというのも、おもてなしの一つの極意なのです。

おもてなしにはバーベキューが効果的です

私ども執事も、お客さまを手料理でもてなすことがあります。といっても、自宅に招くわけではなく、たいていはバーベキューです。

海外のお客さまのなかには、「大自然のなかで食事をしたい」という方もいらっしゃいます。ところが自然の素晴らしい場所というのはたいがい辺鄙《へんぴ》な場所、もちろん大富豪をご案内できるようなお店はありません。

だからといって私がおにぎりをつくるわけにもいきませんし、食通の大富豪を料理で満足させるのも困難です。

そこで便利なのがバーベキューというわけです。

バーベキューなら素材のよし悪しが勝負、料理の上手下手はあまり問われません。

そのほか喜ばれた例では、料理教室でおもてなししたことがありました。

料理教室というのは、平日はたいてい昼間に開かれるものです。そこで知り合いの料理教室にお願いして、夜の空いている時間を借りたのです。

つくるのは手巻きずしや天ぷらなど、子どもでも挑戦できるようなごく基本的な家庭料理です。先生に教えてもらいながら一緒につくって、最後は食べていただく。それだけだと品数が少ないので、料理教室の先生にほかの料理もつくってもらいました。そうした〝仕込み〟も功を奏して、以前から日本料理に興味があったり、料理するのがお好きだったりという海外のお客さまには大変好評でした。

手づくり料理を振る舞うのは、材料や雰囲気にこだわらなくても、その動きそのものが人の印象に残ることもあります。

私自身、学生時代、独り暮らしの男友達の家で、いわゆる豪快な男の手料理をご馳走になった経験があります。

お好み焼きや焼きそばなど簡単なものですが、「意外と手際がいいんだな」と感心し、想像以上においしくてさらに驚いたことをよく覚えています。

手づくり料理でのおもてなしは、ときに高級店のフルコースよりも深い記憶として刻まれます。おもてなしのなかでも、お金をかけずに喜んでもらえる最善の方法ではないでしょうか。

自分を思い出してもらえるお土産を差し上げます

誰かに初めてお会いする場合、私は必ずお土産を持って行くようにしています。

たいていは、自己紹介も兼ねて自分の著書をお持ちしますが、以前著書を出した際にノベルティとしてつくった、書名入りのモバイル充電器を差し上げる場合もあります。モバイル充電器なら比較的よく使うものですし、使うたびに私のことを思い出してもらえると考えたからです。

大富豪も、お会いした人に、よく何かを差し上げています。

私もしばしばいただきますが、本当にささやかなものばかりです。自分の会社でつくっている製品やノベルティのボールペンなど。半分自費出版のようなかたちで出したという自叙伝や、趣味でつくった音楽CDをいただいたこともあります。

金額の多寡《たか》ではありません。正直、いただいても使うかどうかわかりません。でも、何か物をもらうというのは、特別に目をかけていただいている気がして、それだけで嬉しいものです。

しかし、差し上げるべきではないものもあります。

あまりにも高級なものは、コンプライアンスの問題から受け取れないという方もいますし、大きくてかさばるものも、差し上げるには不向きでしょう。

そう考えると、お土産に一番向いているのは、やはり「消え物」といわれる食べ物や飲み物でしょうか。

北海道の方なら六花亭のホワイトチョコレートなど、やはり自分の出身地や住んでいる土地にちなんだお土産を用意される方は多いようです。

自分の会社でつくった地ビールやその土地の地酒をいただいたこともあります。自分でつくった沖縄風ドーナツを、きれいに包装してくださった沖縄の方もいます。

もらって嬉しいのは、日本中の品が何でも手に入りそうな東京でも買えない、その土地でしか売っていない品です。

これは逆に、こちらが持参するお土産を選ぶ際の基準にもなります。

そのたびに何がいいか考えるのは大変なので、「このお土産はあの人」と品物と顔が結びつくような、定番を決めておくと便利でしょう。

オリジナルのお手土産で、特別感を演出します

自分や会社の名前が入ったお菓子などを用意している方もいます。

「ビスコ」というお菓子がありますが、ある程度数をまとめるとパッケージにオリジナルの名前を入れられるサービスがあるそうで、その方は、ご自分の名前をとって「ケイコ」と名付けたビスコを配っていました。

ほかにもお醤油やお酒など、オリジナルでつくってくれる商品はいろいろあるようです。

普通に買うより割高になりますが、もともとがそれほど高価ではないので、ちょっとした

お土産としては喜ばれるでしょう。「こんなのものがつくれるのですか」と、話題のきっかけにもなります。

物を差し上げると効果的な理由がもう一つあります。

誰かに初めて会った場合、最初から話が盛り上がるとは限りません。面談の内容が期待外れに終わる可能性もあります。

それでも次に会ってもらえるのはどんなケースか考えると、物をもらっているほうが、次につながる確率が高いのです。同じように何かミスをしたときなども、お土産を用意するだけで許してもらいやすくなります。

いずれにしても、何かを差し上げるだけで喜んでもらえ、食べたり使ったりするときにまた自分を思い出してもらえます。

お土産の効果はもっと積極的に利用したいものです。

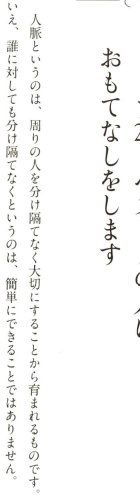

トップ20とベスト5の人におもてなしをします

人脈というのは、周りの人を分け隔てなく大切にすることから育まれるものです。とはいえ、誰に対しても分け隔てなくというのは、簡単にできることではありません。

また、人脈が広がるほどおつき合いの量が増え、管理し切れないという問題もあります。

そんなときは、それなりにおつき合いの仕方を工夫することも必要です。

大富豪の方たちを見ると、どうやら「トップ20」と「ベスト5」に分けている方が多いようです。トップ20には軽いおもてなし、ベスト5には丁重なおもてなしをするのです。

おもてなしに重い、軽いがあるのかといわれそうですが、別のいい方をすれば、かける時間の差といってもいいでしょう。

たとえばトップ20には月に一度程度、電話をかける。電話する時間がないときは、執事が手紙を代筆することもあります。

けれど、ベスト5とは直接会う時間を必ず設ける、といった具合です。

食事のお誘いを見ていると、時間のかけ方の違いがよくわかります。

あるお客さまは「僕は一人では食事しないんだよ」といっていましたが、総じて大富豪は、誰と何回食事を共にするかをとても意識されています。夕食を2〜3時間かけてゆっくり過ごすようなお相手は、間違いなくベスト5といっていいでしょう。

今月は時間が合わないから昼食だけということもあるでしょうが、月に何回と、ある程度目標値を持って食事の予定を入れている大富豪は多いようです。

絶対に20人と5人でなくてはいけないわけではありません。

30人と8人でもいいのですが、無理のない範囲でおつき合いを続けていくには、このくらいの人数に絞るほうが管理しやすいでしょう。

食事の約束にしても、トップ20とベスト5で計25回。外せない会食などもあると考えると、やはりこのくらいの人数がちょうどよく、大富豪の方たちを見てもこのあたりが平均値というところです。

3ヵ月以上、間隔を空けてはいけません

私もこれにならって、「トップ20」「ベスト5」の数こそは違いますが、おもてなしの仕方を工夫しています。

具体的には、トップ20にあたる方たちは、いままで実際に問い合わせや商談など、具体的に仕事の話をした方々です。この方々には、月に一度、相手にとって有益そうな情報をメールや手紙でお送りしています。

一方、ベスト5にあたるのは、契約のあるお客さまと、過去に契約したことがあるお客さままでです。また大変お世話になっている旅行代理店などの取引先や、当社で働く仲間たちもそれにあたります。この方々には、どんなに忙しくても、月に一度、私自身が出向いて、近況報告をしたり、当社についてご意見をうかがったり、一緒に食事をしたりと、相手に

何か貢献できることを見つけに行きます。

ただし、注意すべき点が一つあります。

とくにトップ20の方たちからは、３ヵ月以上、間隔が空くとリセットされてしまう場合があるということです。

これは私自身の経験ですが、せっかく執事のサービスに興味を持っていただいたのに、私が３ヵ月ご連絡しなかったために、その間に別の手段を探されて、関係が切れてしまったことがあります。

営業の方なども、３ヵ月連絡を取らなかったお客さまに会いに行くときは、少し勇気がいるのではないでしょうか。

３ヵ月といえば、人事異動で担当者が変わっていることもあるはずです。

トップ20に限らず、今後も関係を保ちたいと思う方には、メールでも電話でもかまいませんし、月に一度でもいいので、相手の負担にならない程度のコンタクトを取り続けることをおすすめします。

損得ではなく、好き嫌いで人脈をつくります

意外に思われるかもしれませんが、大富豪は、好き嫌いで人づき合いを決めています。

でも、よくよく考えると、それは理に適っているのです。

見返りを期待しているうちは、おもてなしはできません。

人脈を築き上げるのには時間も手間もかかりますが、いつ見返りがあるかわかりませんし、そもそも相手が恩を返さなければいけないと思うとは限りません。

そう考えると、長い期間おつき合いできるのは、無条件で相手のことが好きで、気が合うからにほかなりません。

執事もまたフィーリングでお客さまを選ぶことがあります。

お客さまのほうも好き嫌いで執事を選びますが、じつは執事も同じです。

これからお仕えするお客さまと担当する執事は事前に一回面談するのですが、そこで、「この人とはちょっと」と違和感が埋められなかったら、お断りするか、別の執事を選びます。フィーリングが合わない方に対して、執事のほうも前向きな気持ちでおもてなしができないからです。

もちろん、時間をかけておつき合いするうちに、最初の印象から変わっていくこともあります。

たとえば、その方の指示通りに動いても、「何をしているの！」と厳しく叱責《しっせき》されるようなお客さまがいました。ところがずっとおつき合いしていくうちに、そのような理不尽なことはいわれなくなってきました。

執事がその方のことを何とか理解しようという気持ちで接したことで、その方の心もほどけ、少しずつ信頼が深まっていったのです。

逆のケースもあります。

いつもニコニコされていて、とくに不満もおっしゃっていなかったのに、なぜかあるとき突然契約を切られてしまうケースがありました。

気づかないところで、お客さまにとって何か不具合なことをしてしまったのであれば、理由を突き止めなくてはなりませんが、どうしても突き止められませんでした。

そんなときは自分たちの未熟さを反省しながらも、半分はそもそもご縁がなかったものとして飲み込むことも必要でしょう。

とはいえ、途中で印象が逆転するケースはかなりまれです。やはり長くおつき合いできるかどうかは、最初の印象で決まることのほうが多いのです。

最初の印象で決まってしまうことが大半です

「あの人は嫌いだけど、得なことがありそうだからつき合う」というビジネスライクなおつき合いもありますが、そんな関係は結果が出ないとわかった途端に終わってしまいます。

それどころか、人脈術に対するモチベーションさえ、一気に失いかねません。

おもてなし人脈術は相手に貢献する、おもてなしすることに意義があります。

その結果、相手がステップアップできたり、幸せになってくれたりするのが一番の喜びであり、見返りなのです。

自分と合わない人に無理しておもてなししても長続きしません。

損得を超えた部分でその人を好きだからこそ、相手に喜んでほしいと心から思え、長くおつき合いできる。

やはり、最初のフィーリングや好き嫌いはとても重要なのです。

お金をもらう先より、支払う先を大切にします

おもてなしというと、大口の取引先の重役や社長を接待するものと思っている人も多いでしょう。

自分に大きな利益をもたらしてくれるお客さまを大切にするのはもちろんですが、執事の仕事はそれだけでは成り立ちません。

執事は、旅行代理店や食材販売の会社、車のディーラー、税理士や会計士など、日常的な取引先を大切にします。

いざというとき助けてくれるのは、そんな日常的なおつき合いのある方たちだからです。

執事の仕事をしていると、大富豪からときどきとんでもないリクエストをされることがあります。

「いきなりだけど、エーゲ海クルーズに行きたいのだが」

あるときには「3日後にエーゲ海クルーズに行きたい」といわれたことがあります。

もちろん常識で考えれば不可能です。お金の問題ではなく、手続きが間に合うわけがありません。そのとき助けてくれたのがある旅行代理店の方でした。

3日で間に合うやり方を見つけ出し、おかげで大富豪の要望を叶えることができました。

それまで旅行代理店といえば、ヨーロッパ方面はここ、国内だったらここといった具合に得意とするエリアで選んでいましたが、このことがあってから選び方が変わりました。手数料が少しくらい高くても、無理を聞いてくれるかどうかが重要と考えるようになったのです。

その旅行代理店には、手数料も取れないような雑事をお願いしたこともありますが、こちらも心苦しいので、何とかお返ししようと次もお願いします。

するとまた期待以上の働きをしてくれるから、次もまたお願いする。そんなやり取りが続き、いまではお互いさまのいい関係になっています。

行きつけの飲食店やバーなどの例もあります。

私は、お酒はおつき合いで飲む程度ですが、ある大富豪にご紹介されたバーだけはときどき足を運び、接待などでも利用するようにしていました。するとお店の方がほかのお客さまを紹介してくれたり、役立つ情報を教えてくれたりするようになったのです。

お金を払っているのは私ですが、気がつけば払ったお金以上の貢献をしていただいていると感じています。

お金を払う相手との関係も、立派な人脈です。

そうした人脈が、自分に何かをもたらしてくれることもよくあります。

たとえば懇意にしている自動車のディーラーから、「いまこんなサービスをしています」といわれたら、それを頼んでみる。

食材会社の担当者が「こんなキャンペーン商品があるんです」という商品を買ってみる。

自分が必要のないものやサービスであっても、お金を払うことで相手の売上が上がって喜んでもらえるのなら、それもまた一つのおもてなしです。

一方お金を払っている私にも、新しい商品やサービスをお得な価格で試せるという見返りがあります。

執事として大富豪の願いを叶えるには、困ったときにサポートしてくれる人がたくさんいることが条件です。

だからお客さまの無理難題にも応えられるのです。

一般の方に置き換えるなら、部下が多いほど上司として優秀とは限りません。

むしろ部下でもないのに働いてくれる外部スタッフや、仕事とは直接関係ないことでも力を貸してくる部下を持っている上司のほうが、優秀といえるのではないでしょうか。

桃太郎が犬と猿とキジを家来にするために、最初にキビ団子を渡したように、まずは自分から何かを差し出すことが大切です。

ホームグラウンドでおもてなしをいたします

大富豪は自分のホームグラウンドを持っています。

私が知っている大富豪の一人に、福岡出身の方がいます。いまは東京にお住まいですが、親しくなりたいと思う相手には必ず「福岡へ行きましょう」とお誘いになるのです。

朝は相手のご自宅まで車でお迎えに上がり、飛行機を降りると、そこには手配しておいたハイヤーが待っていて、大富豪の案内で知る人ぞ知るようなお店や名所にお連れします。

もちろん飛行機から食事、ハイヤーにいたるまで、支払いはすべて大富豪持ちです。

一度その理由を尋ねてみたところ、「東京のことはよくわからないけれど、福岡だったら詳しいから」というシンプルな答えでした。

隅々まで知り尽くした自分のホームグラウンドにお連れするほうが、相手へのおもてなしもきめこまかく提供できますし、出身地を見せることは、自分のことを知ってもらういいチャンスにもなるとのことでした。

大富豪は、必ずといっていいほど専用の迎賓館《げいひんかん》をお持ちですが、それもまた一種のホームグラウンドといえるでしょう。

ある大富豪は、伊東の海の見える場所に別荘をお持ちでした。

お客さまをお招きするときは、たいていご自分の車で東京から同乗されます。

船もお持ちでしたので、空いている時間は釣りをしたり、ゴルフをしたりして過ごします。別荘では執事やメイドが事前に準備を整えていて、食事は呼び寄せておいた料理人が腕を振るいます。

まさにプライベートホテルであり、大富豪は最高のホストとして客をもてなすのです。

迎賓館や別荘はセキュリティ上のメリットもあります。

お客さまのなかには不特定多数の人間が行き来する場所を嫌う方もいますし、誰と会っているのかを知られたくない場合もあります。

そんな場合でも、自分たちしかいない空間ならリラックスできるでしょう。

しかも時間の制約がありませんから、「よかったら泊まっていきませんか」ということもできます。

相手に金銭的な負担をかけない配慮もありますが、自分が勝手知ったる場所のほうが、おもてなしのアレンジをしやすいのです。

もう一つ、大富豪はしばしば、自分が知っている人ばかり集まるパーティーにお連れすることがあります。

その場にいる全員が知り合いですから、知らない人を連れていっても「この人は○○さん、こちらは××さん」と紹介しやすいのです。

相手を一気に自分の人脈に引き込むことができますから、自らそのような集まりを主催する方もいます。

自分の知っている場所をご案内してみましょう

別荘や旅行に招待するのは無理でも、自分が知っている場所を案内するというのは、私たち一般の人間も真似しやすいでしょう。

私も、地方や海外にお住まいの大富豪には、無償で東京を案内することがありますが、そんなときは自分のなじみの店にご案内するようにしています。

個室を取ってもらったり、お寿司屋さんでも「生ものが苦手だから」と伝えれば火を通したネタだけで握ってくれたりと、何かと無理が利くのはなじみの店だからこそです。ホームグラウンドでない店では、こうはいきません。

高級店や有名店でなくてもいいのです。

私も昔からの友人が営んでいる料理屋に大富豪をご案内することがよくあります。味はいいけれど庶民的な店で、むしろその雰囲気を喜んでくださる大富豪も多いのです。

終章

極上の人脈は、あなたの人生を豊かにしてくれます

さあ、いよいよこの本も最終章です。

ここまで、執事と世界の大富豪が実践している人脈術をお伝えしてきました。

極上の人脈こそ、あなたの人生を豊かにすることをお伝えして、結びとしたいと思います。

相手に絶対損はさせません

ある大富豪が主催されたパーティーで驚いたことがあります。会費が後払い制というのもめずらしいのですが、驚いたのはその理由です。

パーティーというのは必ずしも全員が楽しめるとは限りません。たまには雰囲気になじめなかったり、うまく会話の輪に加われなかったりして、苦い思いをする人もいます。

そんな場合は「本日は行き届かずに申し訳ありません、会費はけっこうです」と対応できるように、後払い制にしたとのことでした。

ただし、これにはもう一つ、「会費はけっこうですけど、その代わりにまた来てくださいね」という意味もあるのだそうです。

お金を払ったのにつまらなかったら、「損をした」「次はもう来たくない」と思いますが、会費はいらないといわれたら、「それならばもう一回、会費を払って行かないと悪いかな」という気持ちになるでしょう。

なかなかうまいやり方だと、感心したものです。

失敗はすべて自分で責任を取ります

ある大富豪は、メーカーのオーナー社長と組んで、オリジナルの文房具をつくりました。相手の会社で商品をつくり、自分の経営している量販店で販売する計画でしたが、結果は大失敗に終わり、まったく売れませんでした。

そのときこの大富豪は、製造した商品をすべて自分で買い取ったのです。

ビジネスパートナーとして互いに同意して始めたことでも、また相手の方がお金持ちであっても関係ありません。

損が出るとなったら、赤字分は必ず自分が埋め合わせると決めているそうです。

短期的に見れば、たしかにかなりの損失です。

しかし長期的に見れば、こういう姿勢を貫いていくことによって、「あの人であれば絶対に成功させてくれる。万が一つまずいても損することはない」という周囲の信頼を培《つちか》っていくことができます。

そういう評価がまわりまわって、いい話につながると思っているのです。

執事の仕事でも同じようなことがあります。

あるとき、海外からのお客さまのためにホテルを予約しました。

渋谷に別邸をお持ちなのですが、ホテルの宿泊を希望されることもある方です。万が一を考え、渋谷から新宿あたりのホテルを複数押さえました。

ところが直前になって来日を取りやめるとの連絡が入ったのです。

それでも、キャンセルはせずに、すべてのホテルに正規料金をお支払いしました。

「あそこはすぐキャンセルする」と思われると、次に緊急で部屋を押さえなくてはならないとき、無理を通してもらえなくなってしまうからです。

レストランも同様です。

キャンセルした場合、予約した分のお金を払うのはもちろんですが、そのために特別な素材を用意していただいているときは無駄にするのは忍びないので、私どもスタッフが代わって食べにいくこともあります。

また、大富豪のご自宅でまれにですが、うっかり物を壊してしまうことがあります。

そんなときは弁償するのはもちろんですが、必ずプラスアルファをつけてお返しします。

先日もある執事が、お客さまの家でワイングラスを壊してしまいました。

奥さまは、「何かのおまけでもらったようなものだから気にしなくて大丈夫よ」といってくださったのですが、使い続けていたということは何か思い入れがあるはずです。

そこで同じものを探し出したうえで、料理上手なメイドにお客さまの好みに合わせたスペシャル・オードブルをつくってもらい、一緒にお持ちしました。

ビジネスシーンでも、「今回は赤字覚悟でお受けします」ということもあれば、逆に「前回は泣いてもらったから、今回は儲けてもらおう」ということもあるでしょう。

損失をお金で埋め合わせるのは難しくても、空いている時間を労力として提供したり、次につながる仕事を一緒に考えたりといったことならできるはずです。

その結果、「あの人なら信用できるから一緒にがんばろう」と思ってもらえることが財産になります。

「あそこはいつも、お金も手間もかかる仕事ばかりだから、つき合わない方がいいよ」という評判が立ってしまったら、それこそ仕事自体が立ち行かなくなります。

周りに個人的な相談をしてみます

面識はあるけれど、それほど親しくないような相手には、個人的な相談を持ちかけてみるのも、相手との距離を縮める有効な手段です。

ポイントは相手の得意分野を尋ねることです。

たとえば相手が長崎出身だったら「今度長崎に行くのですが、ガイドブックに載っていないようなおすすめのスポットはありますか」と聞いてみるといいでしょう。

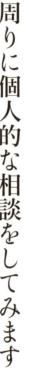

もっと個人的な質問でもいいのです。

相手がハウスメーカーの方であれば、「今度家を建て替えるのですが、西日が強く、暑いので、間取りはどうするのがおすすめですか」と相談してみれば、豊富な事例に基づいた見識が聞けるはずです。

私のお客さまである福祉設備会社の社長は、取引先の方から「うちの母も70歳を越えたので、自宅にエレベーターをつけたほうがいいでしょうか」と相談を受け、「エレベーターは便利だけど、高齢者が依存するのもよくないから気をつけたほうがいい」などと、かなり率直なアドバイスを熱心にされていました。

個人的なこと、とくに自分の家族がからむような相談は、「私はあなたに心を開いていますよ」という姿勢の表れ。単に意見を聞く以上に、親近感を抱いてもらいやすいのです。

相手の出身地に行ってみると、親密度が増します

私がよく実践しているのが、相手の出身地に行ってみるということです。

滋賀出身のお客さまがいるのですが、あるとき私用で大阪へ行った帰りに、ふと思い出して、その方が以前住んでいたという琵琶湖のほとりの町を散策してみたことがあります。

後日その話になり、「雰囲気のいい喫茶店があったので入りました」というと、じつはその方が学生時代によく通っていた店だとわかり、大いに盛り上がりました。

趣味に関することで、アドバイスを求めてもいいでしょう。

車が大好きで、高級車を何台もお持ちの大富豪に、我が家の車を買い換えようとなったとき、アドバイスを求めたことがあります。思い切って「この予算のスポーツカーであれば何がよいですか」と尋ねたところ、「エンジン部分のここが優れているから、このメーカーのこの車種がいいよ」と詳しく教えてくれました。車がお好きというだけあって、自分は乗らないようなタイプの車のこともよくご存じでした。

大富豪のように自分よりステージの高い方に相談するなら、本やレストランの話題など、誰に対しても投げかけやすい質問がおすすめです。

「私くらいの経営者が読むといい本はありませんか」と尋ねれば、自分がかつて読んで感銘を受けた本や、仲間うちで話題の本を教えてくれるでしょう。

レストランなどの情報も喜んで教えてくださいますし、なかには行きつけのお店に自分で電話を入れてくださるような親切な方もいます。

大切なのは、教えていただいた本はきちんと読む、レストランには食事に行き、あとで必ずその感想をお伝えするということです。

「自分のアドバイスを受け入れた」と、いっそう親近感を抱いてもらえます。

ただし、いくら個人的な相談でも、あまり重いものはいけません。

「今月中に５００万円用意できないと会社が行き詰まってしまいます」などと、いきなり深刻な相談をされたら、相手はむしろひいてしまうはずです。

あくまでも相手の負担にならない内容にしてください。

誰しも自分の得意なことを話したい、誰かに尋ねてほしいと思っているものです。

自分の興味があることや得意なことで、負担にならない範囲の内容であれば、みなさん喋りたいし、喜んで知恵を貸してくれます。

相手のことを理解して、話したいと思っていることを聞いてあげるのも、立派なおもてなしといえます。

居心地の悪いパーティーに好んで出席されます

人脈づくりの一つのきっかけとなるのが、大勢の人が集まるパーティーです。大富豪は、いろんな名目でさまざまなパーティーに参加する機会があります。自分の知り合いや、立場や価値観が似たような人たちが集まるパーティーであれば、共感するポイントも同じですし、初対面であっても会話が弾みます。

ところが、面白いことに、大富豪はそうした居心地のいいパーティーよりも、居心地の悪いパーティーに積極的に参加します。

居心地のいいパーティーは、自分と同レベルの人たちと話ができるので、楽しいのは当然ですが、ただ「楽しい」だけで終わってしまいがちです。これまでの自分と同じレベルで話をすればいいのですから、刺激も少なく、人脈は鍛えられません。

ところが、居心地の悪いパーティーには、自分とは立場や専門分野がまったく違う人、あるいは、まったく別の考え方を持っている人が集まります。

別世界に飛び込んでみましょう

たとえば、外国人だけしかいないパーティーなど、あえて別世界に飛び込んでみることが、人脈術の訓練になります。

なぜなら、自分とは異なるタイプの人々に対して、「自分はどう貢献できるか」を考えるチャンスが得られるからです。

もし中国人だけのパーティーに招かれたら、「中国の方は何を喜ぶのだろうか」と、一生懸命考えなくてはなりません。

自分と似たような環境、考え方の人であれば、その人が喜ぶおもてなしは大体想像ができますが、自分とは異なるタイプの人が相手の場合は、なかなか難しいものです。

居心地が悪い場に参加するのは、ある意味つらいことですが、大富豪は、居心地のいい場から出ることによって、自分自身が成長すると考えているのです。

私のお客さまの一人は、とある国の人たちが集まるパーティーから戻られて、「その国ではコピー商品がたくさん出回っているが、それをなぜ悪いと思っていないか、その根底がわかったよ」とおっしゃっていました。

彼らからすると、「世界共通の安くていいものを、さらに自分たちが、よりよくつくって何が悪いのか」という発想があることが理解できたそうです。

むしろ、商標登録などは欧米の強い権利意識から生まれたもの、という違った見方もでき、彼らにはコピー商品は世界に貢献するものという認識すらあるというのです。

「世界にはさまざまな考え方があり、人脈をつくるうえでは、それらの考え方を排除するのではなく、そういう方々に歩み寄って学ぶ。それにより行動原理がわかってくる。それが人脈を築くうえで重要なのだ。だから、自分の思い込みを消し去るために、自分とはまったく違う別世界の、居心地の悪いパーティーに行ってみるというのも一つの方法だよ」

大富豪はそれだけ、いつもアンテナを外に向けられているということです。

大富豪のなかには、70〜80歳を過ぎている方でも、若者の集まりに平気で行く方がいらっしゃいますし、自分の会社の若い従業員の飲み会に参加される方もいます。

皆さん、口々に「そういう場に出ることによって、自分の間口を広げていくことができるんだよ」と、おっしゃいます。

そして、居心地の悪いパーティーでも、気さくに周囲の方に話しかけるなど、ごく自然に振る舞われます。また、たとえばパーティーに誘ってくれた方に、「誰も知り合いがいないので、5人ぐらい顔をつないでよ」などと、紹介を促すのです。

居心地の悪いパーティーで人脈をつくり上げていく方法として、真似てみるのもいいかもしれません。

私自身、似た者同士のパーティーは、居心地はいいものですが、環境や仕事が異なるパーティーのほうが、人にはさまざまな考え方があるということを感じますし、自分の刺激にも成長にもなり、人脈力が鍛えられます。

私が、不動産業界の方が集まるパーティーに誘われたときのことです。物件の売買をされている方々ばかりですので、最初は場違いに感じました。でも、参加者のなかに、物件を購入されたお客さまにその後のソフト的なサービス、つまりコンシェルジェサービスや執事サービスを提供したいとお考えの方がいました。

「やりたいけれど、きっかけもつかめず、どうしたらいいかわからない。何かいいアイデアはありませんか」と私に相談いただいたので、いくつかご提案しました。とても喜んでくださったのは、いうまでもありません。

じつは、自分とは異なる業種のパーティーに参加すると、むしろ貢献できることがたくさん見つかることがよくあるのです。

大きな絵を描いて、大きな夢を語ると人が集まります

周囲の人に自分の夢を語るのはいいことだと思います。ただ、それが大きいか小さいかで、そこに協力者が現れるか、現れないかが変わってきます。

ある大富豪からは、こういわれたことがあります。

「たとえば、君が『ラーメン屋をやりたい』といったら、誰が協力してくれる？　でも、同じ『ラーメン屋をやりたい』であっても、『世界中の貧しい人たちがいつでも食べられるような、安くておいしいラーメンをつくりたい』とか、『ラーメンを通じて貧困や餓死をなく

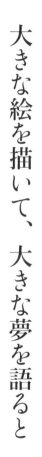

したい』といえば、協力者が現れるかもしれないよ」

つまり、小さな絵を描くよりも、大きな絵を描いて大きな夢を語る人にならないと、人は集まってこないし、実現はできないということです。

大富豪によると、大きな夢を描くときの重要なポイントは、自分が幸せになる夢ではなくて、他人に貢献できる夢を語ることだといいます。

たとえば私が、「執事サービスの事業で、100億円を稼いでお金持ちになりたいんです」といっても、ただ「がんばってください」と励まされるだけでしょう。

しかし、「執事の仕事を通じて大富豪の方々に貢献したい。大富豪の持つ資産は膨大だから、社会的にも大きな影響力を与えている。ならば、執事サービスを通して、大富豪の時間をより有意義なことに使ってもらえれば、世界全体がもっと豊かになるはず。そういう世界をつくりたいのです」といえば、それに協力しようという人も出てくるかもしれません。当社で働く仲間も、この想いに共感して入社してくれた人もいます。

実際、なぜ執事の会社を始めたのか聞かれると、私はそのようにお答えしています。

もちろんその一方で、夢だけではなく、ビジネスとしても成立しないと、会社も存続できないし、夢も実現できません。その意味では両方の側面が必要でしょう。

夢の大きさが、大富豪になれるかどうかに影響します

大きな夢を語った結果、大富豪になられた方もいます。

その方は、焼肉チェーンを経営されています。その方に焼肉チェーン店を始めた理由を聞いたところ、第一に、ご本人が焼肉を好きだったこと。それに加え、焼肉は、若い人からすると憧れの食べ物で、これを誰でも安く安全に食べられるようにしたい、との思いがあったとのことでした。カレーを食べる感覚で焼肉を食べられるようなチェーン店をつくりたい。

そんな思いで続けられてきた結果、成功したのです。

大富豪になったいまでも、同じようにそういい続けています。

自分が「好き」だというだけではなく、「みんなのために」との夢があったからこそ、現在の地位を築けたのでしょう。

私の友人でも、同じような思いで事業をしている人がいます。

彼はホームページ作成の事業をしています。その彼によると、企業のホームページは新商品や新事業の告知などのために必須のツールであるにもかかわらず、全法人の約40パーセントがホームページを持っていないそうです。

中小企業の場合、知り合いや口コミだけで営業ができる側面もあるからですが、それでもホームページがあれば、全世界に情報発信ができ、海外から仕事が来るかもしれません。

そうした考えから彼は、「中小企業の発展に貢献できる」といっています。

「ホームページをつくりませんか」と営業するのではなく、そういう志の高い話をすると、共感する経営者も多く、仕事は切れることなく入ってきています。

こうした話は、一般の会社員の方にも応用できます。

目の前の仕事を淡々とこなすだけの人と、「ゆくゆくは社長になって、業界をこういうふうに変えていきたい」と、日頃からいっている人とでは、後者のほうが期待もされますし、評価も高いでしょう。仕事は小さくても、大きな夢を持ってコツコツ努力する人というのは、人から応援してもらいやすい、つまり人脈を築きやすいのです。

自分の会社の従業員を、もっとも大切になさいます

私どもがおつき合いしている大富豪に共通するのが、自分の会社の従業員を、とても大切にしていることです。自宅に招待したり、自分の車を貸してあげたり、自分の使っていた高級時計を気前よくあげてしまう方もいます。

そのほかにも、一人ひとりに年賀状を出したり、誕生会を催《もよお》したり、社員旅行を実施したりと、いろいろなかたちで従業員へのおもてなしをしています。

私の場合は、毎月一回、従業員と個別にお昼ご飯を食べに行きます。ご飯を食べながら、「仕事どう？」と、彼ら彼女らの思いを聞くようにして、働きやすい環境づくりの参考にし

ています。

経営者と従業員には雇用関係があるのですが、大富豪は、従業員に「給料を払ってやっている」という意識をまったく持っていません。むしろ「自分が社長でいられるのは、従業員が働いてくれているおかげ」だと思っている方が多いのです。

「働かせてやっている」ではなく、「働いてもらっている」と、考えているのです。

「お客さま第一主義」ではございません

私ども執事も、お客さま第一主義だと思われますが、じつは違います。従業員第一主義なのです。なぜかというと、従業員が、待遇に満足し、やり甲斐を持って仕事に取り組んでくれなければ、お客さまにいいサービスを提供できないからです。

不満があったり、やり甲斐を感じられなかったりすると、表面上はきちんと仕事をしているようでも、心を込めた本当のサービスはできないのです。

とくに当社のような事業の場合は、いいサービスを提供する執事が辞めてしまえば、事業自体が成り立たなくなります。

じつはごくごくまれにですが、いわゆるモンスタークレーマーのようなお客さまにあたることもあります。その場合、私は担当執事に無理をさせるのではなく、お客さまとの契約をお断りします。私にとって一番怖いのは、お客さまに嫌われるよりも、優秀な従業員に辞められてしまうことだからです。

従業員がいなくなり、いいサービスができなければ本末転倒です。

大富豪が従業員を大切にするのは、一つは、その会社が人で成り立っているということです。執事という仕事もまさにそうですが、売上も、お客さまの満足度も、人次第で上がりもすれば下がりもします。

もう一つは、長期的な視野で物事を捉えているからです。人の採用にはコストがかかるため、採用したらなるべく辞めさせたくないのです。

最近、企業は人の入れ替わりが激しくなってきていますが、たとえば人材エージェントを通じて採用する場合、一人につき年収の30パーセントを手数料として渡します。１０００万円の年収の人であれば３００万円、５００万円であっても１５０万円かかります。だったら、150万円分で福利厚生を充実させるとか、給料を上げるほうが、長期的に見ると効果的だし、双方にとっていいとの判断があるのです。

従業員へのおもてなしは、たとえ従業員が辞めてしまったとしても、無駄にはなりません。その従業員には「大事にされていた」「おもてなしを受けていた」という思いが残るので、辞めたあとでもお客さまとして商品を買い続けてくれたり、周囲の人にも宣伝してくれたりするのです。

従業員が辞めると関係が途切れてしまいますが、大富豪は、辞めた人にも連絡を取っています。3ヵ月後、半年後などに、「元気でやっているか?」と電話をし、ときには「戻ってくるか?」と声をかける方もいらっしゃいます。

辞めたほうにとっては、わざわざ電話がかかってくれば、自分が期待されていたことを痛感します。実際戻ってくるケースもあります。一度、他社も見たうえで元の会社を再評価しますから、今度こそ、よほどのことがない限り辞めずに会社に貢献します。

これも一つの人脈術で、私も見習って、辞めた方にはときどき連絡を差し上げています。

人生の師匠を持ちましょう

大富豪の方々で、「いい人脈」をお持ちの方に共通しているのが、「いい人生の師匠」をお持ちという点です。

「人脈」と「師匠を持つこと」に何の関係があるのかと思うかもしれませんが、非常に理に適った理由があるのです。

大富豪の方々は大富豪であると同時に、有名企業のオーナーであったり、国内外の公的な要職を兼務している方などが多く、社会的地位も名誉もお持ちだという場合がほとんどです。

自分から人脈を増やそうと思わなくても、次から次に、普通では会えないような方々とお会いする機会が増え、自ずと人脈が増えていくような錯覚に陥ります。

そうなると、どんな立派な方でも、相手への貢献をすることを怠《おこた》り、慢心し、自分の社会的地位や名誉に集まってくる知り合いが増えるだけになってしまうのです。

こういった慢心をぬぐい去るためのも、いい人脈をお持ちの大富豪の方々は、人生の師匠というもの持っています。

師匠は身近な人物でも歴史上の人物でもよく、また、師匠とする方が、あなたを弟子だと認めなくても構いません。

勝手に自分が「私の師匠は○○さんだ」と決めるだけでいいのです。

師匠を決めたら、なぜ、あなたがその人を師匠と決めたのかを、考えるのです。

私の会社のお客さまでもある日本人の大富豪の方は、幕末の志士・坂本龍馬を人生の師匠に決めていました。

私はその方に、「なぜ、坂本龍馬を人生の師匠にしたのですか？」とお尋ねしたところ、

「幕末の政情不安定な時期に、一人の脱藩浪人が日本の要人を口説き落とし、大政奉還を成

し遂げて、近代国家になる礎《いしずえ》を築いた。こんなに大きなことを、一人の人間ができるんだという勇気を、百数十年経っても、私や多くの人に与え続けているからだ」とおっしゃりました。

その大富豪にとって、坂本龍馬は自分に勇気を与えてくれる人ということになります。

このように、自分が人生の師匠と思う人には、有形無形限らず、自分自身に何かしらを与えてもらっていることになります。

坂本龍馬が永き年月を超えて多くの人々の心に残っているのは、現代の私たちが、豊かな国である日本で暮らすことを与えてもらっているからにほかなりません。

自分自身が、師匠から何かしらを与えてもらっていることを体感し続けることが、どんなに自分の社会的地位が高くなったとしても、自分も誰かに貢献していきたいと思い続けるモチベーションになるのです。

人生の師匠を持つということは、自分自身が師匠から多くのことを与えてもらっていると認めることであり、そう思うと今度は自分が他人に貢献していく行動に変わります。

それが、良質な人脈へとつながっていくのです。

大富豪には、歳の離れたご友人がいらっしゃいます

大富豪の多くが、年の離れたご友人をお持ちです。

50代の大富豪は、ことあるごとに、80歳ぐらいの「師匠」のもとにうかがい、指導してもらったり、お話をうかがったりするそうです。

その方は、小学校時代の先生だそうで、いまだにおつき合いが続いています。

とくにご自身の節目節目で相談に行かれるとのことです。

たとえば「この会社を畳もうと思っているのですが、どう思いますか」と相談すると、「君はこの事業を畳んで、自分の会社を救ったと思われたいのか、それとも、無理をしても続けて、従業員や周囲から私財を投げ打ってまで事業をやり続けた人と思われたいのか、どっちなんだ」「何のためにその会社を始めたのか？」と、根本的な問いかけをされるそうです。

大富豪は、その先生からの問いかけを何度も思い出しながら、判断の基準にしていると

おっしゃっていました。

ビジネスとはまったく無関係な話もあるそうですが、考え方が非常に勉強になるといいます。まさに、「人生の師匠」という位置づけです。

また、二世代以上離れた方だと、自分の行き先が想像できるという利点もあります。同じ経営者であれば、40年後にはこうなっているのかと予測がつきます。

年上の方は自分よりもずっと先にある地点に到達しているわけですが、若いころと、年齢を重ねてからではものの見方、考え方も違ってきます。

それを知るだけで、自分のビジネスをどうしていきたいか、将来を考えるうえでもとても参考になるということです。

いつの時代も、上の世代から教わることは計り知れないほどに大きいものです。

大富豪も執事も、それをわかっているから、「人生の師匠」に学び続けるのです。

おわりに――
極上の人脈を持っている方は、「人脈を持っている」と口には出しません

本書のタイトルに「人脈」と書いておきながら、私は人脈という言葉は、あまり好きではありません。人脈という言葉には、自分は他人を自由自在に動かし、思い通りに何でもできるという傲《おご》りがあるような印象を、強く受けてしまうのです。

実際に、「人脈を持っている」という人にも、多く出会ってきましたが、実際にその人脈を使って大成功をしている人は皆無でしたし、一緒に仕事をしても、残念な結果に終わることがほとんどでした。

本当に人脈を築いている方、人脈によりビジネスや人生を成功させている方は、「人脈を持っている」とは軽々しくはいいません。

私の会社の大富豪のお客さまからも、そのような発言は聞いたことがありません。

本書を最初からすべてお読みになられた方であれば、ピンときたと思いますが、人脈とは、「自分が何かしてもらえる状態」なのではなく、「相手が何かをしてあげたいという状態」だからなのです。

本当の人脈の意味を理解して、人脈の本質を理解すればするほど、「人脈を持っている」と自分自身でいうことが、恥ずかしくなってくるのです。

いわば「自分はカッコいい」と自分自身でいい回っているのと同じなのです。

カッコいいかどうかは他人の判断ですので、自分からいうと、傲りがあるように聞こえてしまうのと同じです。

だからこそ、人脈は相手に何をしてもらうかではなく、相手に何をしてあげられるかということが重要になります。

人脈を築くうえで必要なのは、本書でも何度も出てきた「貢献」です。

相手に何か貢献をできることはないか、話を聞き、観察をして、相手の負担にならないようにおつき合いをしていくことなのです。

それが、結果として自分に返ってくるかどうかわかりません。

しかし、自分自身が誰かのために役立つということは気分がいいものです。

そんな気分のよさを味わうために、誰かに貢献をし続ける。その結果、気づいてみれば、自分の周りには、よき仲間が集まっていたというものも、人生の人脈づくりに成功したといえるのではないでしょうか。


人は一人では生きてはいけません。そして、人は一人では社会生活もビジネスもできません。必ず人とつながり、人と助け合っていかなくてはなりません。

だからこそ、人脈の本質を捉えて、正しく行動できる人だけが、社会生活もビジネスも成功したり、あるいはピンチのときに誰かに助けてもらうことができるのです。

私自身も、この1ヵ月間だけでも、多くの方々に助けられてきました。

大切なお客様を担当する執事が家庭の事情で退職することになってしまい、後任の担当執事がなかなか見つからず、お客様との契約も終了しなければならないと途方に暮れていました。それを聞いた当社に在籍していた執事が、急遽戻ってきてくれて、そのお客さまの担当として、名乗りを上げてくれ、お客さまの解約を免《まぬか》れることができました。

また、海外のお客さまが日本の滞在に合わせて発送した、家財道具が乗った貨物便が欠航して荷物の到着が大幅に遅れ、荷物よりもお客さまが先に日本に着いてしまい、楽しみにしていた日本滞在が台無しになってしまうところを、運輸会社の担当者の方が、徹夜で貨物便の代替ルートを探して、お客さまの日本滞在日にギリギリ間に合わせることができました。

それらもすべて、いままでに得ることができた〝極上の人脈〟によって、助けられているのです。

本書を手にしていただいた皆さまが、素晴らしい方々と出会い、より強固な絆で結ばれて、よりよい社会生活や日々のお仕事に貢献できれば、著者として光栄に思います。

新井直之

著者プロフィール
新井直之（あらい・なおゆき）

日本バトラー&コンシェルジュ株式会社　代表取締役社長。

大学卒業後、米国企業日本法人勤務を経て日本バトラー&コンシェルジュ株式会社を設立。自ら執事として大富豪のお客様を担当する傍ら、企業向けに富裕層ビジネス、顧客満足度向上に関するコンサルティング、講演、研修をおこなっている。ドラマ版・映画版・舞台版『謎解きはディナーのあとで』、映画版『黒執事』では執事監修のほか、俳優・女優の所作指導を担当。

著書に『執事だけが知っている世界の大富豪53のお金の哲学』（幻冬舎）、『世界No.1執事が教える"信頼の法則"』（KADOKAWA）、『執事のダンドリ手帳』（クロスメディア・パブリッシング）など多数。

執事に学ぶ　極上の人脈

世界の大富豪が、あなたの味方になる方法

2016年6月1日　第1刷発行

著　者　　新井直之

発行人　　櫻井秀勲
発行所　　きずな出版
東京都新宿区白銀町1-13　〒162-0816
電話03-3260-0391　振替00160-2-633551
http://www.kizuna-pub.jp/

印刷・製本　　モリモト印刷

ISBN978-4-907072-63-6

きずな出版

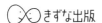